Ivy Liu So Ling, Martin Mak, Sandra Hon Yu

Cambridge IGCSE®
Chinese as a
First Language

Workbook

CAMBRIDGE
UNIVERSITY PRESS

CAMBRIDGE
UNIVERSITY PRESS

University Printing House, Cambridge CB2 8BS, United Kingdom

One Liberty Plaza, 20th Floor, New York, NY 10006, USA

477 Williamstown Road, Port Melbourne, VIC 3207, Australia

314–321, 3rd Floor, Plot 3, Splendor Forum, Jasola District Centre, New Delhi – 110025, India

103 Penang Road, #05-06/07, Visioncrest Commercial, Singapore 238467

Cambridge University Press is part of the University of Cambridge.

It furthers the University's mission by disseminating knowledge in the pursuit of education, learning and research at the highest international levels of excellence.

Information on this title: www.cambridge.org/ 9781108434959

© Cambridge University Press 2018

First published 2018

20 19 18 17 16 15 14 13 12 11 10 9 8 7

Printed in Great Britain by CPI Group (UK) Ltd, Croydon CR0 4YY

A catalogue record for this publication is available from the British Library

ISBN 978-1-1084-3495-9 Paperback

目录 Contents

目录 Contents

单元一
谁言寸草心

一、试为句子填上适当的文字，使其成为完整的反复句式。

> **！**
>
> **小提示**
>
> 反复是为了强调某种意思，突出某种情感，特意重复使用某些词语、句子或者段落等。

1 盼望着，_____，东风来了，春天的脚步近了。（朱自清《春》）

2 ……有一个"好心人"对我说，岑朗把一张少女时代的照片送给男同学，是别有用意的，气得我真想揍他一顿。即使有人气不公为我辩护，也只不过是解释、_____……幸亏这些日子没有球赛，否则我就会变成动物园展览的大猩猩了。（张抗抗《夏》）

3 我们还在这样的世上活着；我也早觉得有写一点东西的必要了。离三月十八日也有两个星期，忘却的救主快要降临了罢，我正有_____。（鲁迅《纪念刘和珍君》）

4 没怎么细想，我拔腿就跑。听得身后有熟悉的粗嗓音："小雨，你在搞什么？那是哪一个？……_____！_____！不站住老子开枪了！"（韩少功《西望茅草地》）

二、以下哪一个答案是对的？请在适当的方格内打勾。

1 尽得大的责任，就得大快乐；尽得小的责任，就得小快乐。（梁启超《最苦与最乐》）

　　□ A 对比　　　□ B 反复　　　□ C 比喻

2 "大小姐，到了医院，好好儿劝劝你妈，这里就数你大了！就数你大了！"（林海音《城南旧事》之《爸爸的花儿落了》）

　　□ A 比喻　　　□ B 排比　　　□ C 反复

3 我常把人生比做一次旅行，辛劳和苦难算做是我们所不能不花的旅费。（罗兰《人生逆境》）

□ **A** 比喻　　　□ **B** 反复　　　□ **C** 拟人

4 盒上明书"一人一口酥"，岂敢违丞相之命乎？（罗贯中《三国演义》之《杨修之死》）

□ **A** 拟人　　　□ **B** 反问　　　□ **C** 反复

5 行得通的就是对的，行不通的就是错的。（胡绳《想和做》）

□ **A** 拟人　　　□ **B** 对比　　　□ **C** 反问

6 老远就听到炒栗子声，一铲铲尽是跳跳脱脱的冬阳，热辣辣、香炽炽的。（钟晓阳《贩夫风景》）

□ **A** 借喻　　　□ **B** 暗喻　　　□ **C** 明喻

三、试阅读以下的吴晗《谈骨气》节选，并回答所附问题：

> 我们中国人是有骨气的。战国时代的孟子，有几句很好的话："富贵不能淫，贫贱不能移，威武不能屈，此之谓大丈夫。"意思是说，高官厚禄收买不了，贫穷困苦折磨不了，强暴武力威胁不了，这就是所谓大丈夫。大丈夫的这种种行为，表现出了英雄气概，我们今天就叫做有骨气。南宋末年，首都临安被元军攻入，丞相文天祥组织武装力量坚决抵抗，失败被俘后，元朝劝他投降，他写了一首诗，其中有两句是："人生自古谁无死，留取丹心照汗青。"意思是人总是要死的，就看怎样死法，是屈辱而死呢，还是为民族利益而死？他选取了后者，要把这片忠心纪录在历史上。文天祥被拘囚在北京一个阴湿的地牢里，受尽了折磨，元朝多次派人劝他，只要投降，便可以做大官，但他坚决拒绝，终于在公元1282年被杀害了。孟子说的几句话，在文天祥身上都表现出来了。

!

小提示

你可以到图书馆或在网上参考吴晗《谈骨气》的原文，更能掌握作者的用意。

指出引文中两个论证的地方，并说明其中的作用。

1 举例论证	
2 引用论证	

四、挑战题

写作手法综合分析，试阅读以下文章，并完成下表：

1　　"轻轻的我走了，正如我轻轻的来"。外婆的离开是轻轻的，不带走一片云彩。

2　　说起我的外婆，有趣的事特别多。外婆是一刻也不能停下来的，在我们小的时候，大概那会儿她也退休了吧。别人退休，是一种享受；她退休，可是一种折磨。外婆年轻时受过教育，曾是一名干部，老了也是一副精明老练的模样。她的嗜好之一是打麻将，坐上麻将桌便是"生龙活虎"一般，大家都赢不了她，算计起来，比谁都厉害。青年人要上班，没空陪她打麻将，而我们刚好放假，所以她让几个刚刚上小学和幼儿园的小孩挨个坐在四方桌前，帮我们一个个码好麻将，然后在桌子旁利索地走动着，手把手教我们打牌！终于，她培养出一批批一到寒暑假就通宵打麻将的孙子们。外婆的教育政策引来了大家的诟病，但她一副"横眉冷对千夫指，俯首甘为孺子牛"的样子，不管大家的阻扰。这段教育历史大概是外婆独创的，应该是史无前例的吧！也正是因为外婆的这一大爱好，让她的精神状态一直非常好，甚至七十几了还能记得别人上一圈麻将出的是什么牌，而这个技能我却一直没学会……而且再也没机会让外婆传授这个技艺了。

3　　然而，人生最无常的便是生死。我怎么都没想到，那是最后一次，外婆清醒地坐着和我聊天。死神并没有跟我们打招呼便把外婆接走了，留下的是一屋子的惆怅，过了这么长的时间，一点也不减那一屋子的惆怅。

外婆走的那一天，天色一直阴阴沉沉的，还夹着毛毛细雨，天上没有一点云彩，她轻轻的离开了我们，是那么的安静。

薛文萍《我的外婆》

艺术手法	例子	分析
1 _____	文章的开首与结尾都写到"云彩"，外婆的走同样是"轻轻的"。	首尾呼应的运用强化了离别的伤感之情，"轻轻"和"云彩"这两个词语的重复出现让读者看到外婆的离世是详和而潇洒的。
对偶	2 _____ _____	面对众人的指责，不与其争辩，用不理会或不在乎的态度面对，在小孩子的面前却表现出谦虚的态度。这说明外婆的信念坚定，认为是对的事情，便坚持己见，不怕别人的责难。
3 _____	"她让几个刚刚上小学和幼儿园的小孩挨个坐在四方桌前，帮我们一个个码好麻将，然后在桌子旁利索地走动着，手把手教我们打牌"	对于外婆的动作描写，让我们看到一个充满活力与冲劲的老人家形象。
对比	4 _____ _____	通过这个对比凸显外婆那种退而不休的人物形象。

艺术手法	例子	分析
引用	"轻轻的我走了，正如我轻轻的来"。	5
间接反复	6	重复使用"一屋子的惆怅"强调了大家对于外婆的离世感到愁闷与失落。

一、阅读理解

[美国] 埃里希·弗洛姆《父母与孩子之间的爱》节录

1　　人生下来后的最初几个月和最初几年同母亲的关系最为密切。在母体外生活的婴儿还几乎完全依赖于母亲。后来幼儿开始学走路、说话和认识世界，这时同母亲的关系就失去了一部分休戚相关的重要性，而同父亲的关系开始重要起来了。

2　　母爱就其本质来说是无条件的。母亲热爱新生儿，并不是因为孩子满足了她的什么特殊的愿望，而是因为这是她生的孩子。从另一个角度来看通过努力换取的爱往往会使人生疑。人们会想：也许我并没有给那个应该爱我的人带来快乐——总而言之人们害怕这种爱会消失。此外靠努力换取的爱常常使人痛苦地感到：我之所以被人爱是因为我使对方快乐，而不是出于我自己的意愿——归根结底我不是被人爱，而是被人需要而已。

3　　同父亲的关系则完全不同。母亲是我们的故乡，是大自然、大地和海洋。而父亲不体现任何一种自然渊源。在最初几年内孩子同父亲几乎没有什么联系，在这个阶段父亲的作用几乎无法同母亲相比。父亲虽然不代表自然世界，却代表人类生存的另一个极端：即代表思想的世界，人所创造的法律、秩序和纪律等事物的世界。父亲是教育孩子，向孩子指出通往世界之路的人。

4　　随着私有制以及财产由一个儿子继承的现象出现，父亲就对那个将来要继承他财产的人特别感兴趣。父亲总是挑选他认为最合适的儿子当继承人，也就是与他最相像，因而也是最值得他欢心的那个儿子。父爱是有条件的爱，父爱的原则是："我爱你，因为你符合我的要求，因为你履行你的职责，因为你同我相像。"正如同无条件的母爱一样，有条件的父爱有其积极的一面，也有其消极的一面。消极的一面是父爱必须靠努力才能赢得，在辜负父亲期望的情况下，就会失去父爱。父爱的本质是：顺从是最大的道德，不顺从是最大的罪孽，不顺从者将会受到失去父爱的惩罚。父爱的积极一面也同样十分重要。因为父爱是有条件的，所以我可以通过自己的努力去赢得这种爱。与母爱不同，父爱可以受我的控制和努力的支配。

5　　婴儿无论从身体还是心理上都需要母亲的无条件的爱和关怀。在六岁左右孩子就需要父亲的权威和指引。母亲的作用是给予孩子一种生活上的安全感，而父亲的任务是指导孩子正视他将来会遇到的种种困难。一个好母亲是不会阻止孩子成长和不会鼓励孩子求援的。母亲应该相信生活，不应该惶恐不安并把她的这种情绪传染给孩子。她应该希望孩子独立并最终脱离自己。父爱应该受一定的原则支配并提出一定的要求，应该是宽容的、耐心的，不应该是咄咄逼人和专横的。父爱应该使孩子对自身的力量和能力产生越来越大的自信心，最后能使孩子成为自己的主人，从而能够脱离父亲的权威。

6　　一个成熟的人最终能达到他既是自己的母亲，又是自己的父亲的高度。他发展了一个母亲的良知，又发展了一个父亲的良知。成熟的人使自己同母亲和父亲的外部形象脱离，却在内心建立起这两个形象。人不是通过合并父亲和母亲，从而树立起这两个形象，而是把母亲的良知建筑在他自己爱的能力上，把父亲的良知建筑在自己的理智和判断力上。成熟的人既同母亲的良知，又同父亲的良知生活在一起，尽管两者看上去互为矛盾。如果一个人只发展父亲的良知，那他会变得严厉和没有人性；如果他只有母亲的良知，那他就有失去自我判断力的危险，就会阻碍自己和他人的发展。

7　　人从同母亲的紧密关系发展到同父亲的紧密关系，最后达到综合，这就是人的灵魂健康和达到成熟的基础。

导读问题

1　作者指人从什么时候开始同父亲的关系会变得重要起来？

_____

_____

2　为什么母亲都热爱新生儿？

_____

_____

3　母爱和父爱在性质上有何区别？

_____

_____

4 父亲一般是怎样挑选最合适的儿子当继承人？

_____

_____

5 孩子在什么情况下可能会失去父爱？

_____

_____

6 在孩子的成长过程中母亲和父亲各有什么职责？

_____

_____

7 请根据文章第 6 段，作者认为一个人成熟的一生应该怎样体现出来？

_____

_____

8 **a** "父爱的本质是：顺从是最大的道德，不顺从是最大的罪孽，不顺从者将会受到失去父爱的惩罚"（第 4 段），结合上下文，说说"惩罚"是什么意思？

_____

_____

   b 请根据文章，解释下面句子的意思，并结合上下文说说作者想要表现什么。

     i "母亲是我们的故乡，是大自然、大地和海洋"（第 3 段）

_____

_____

     ii "一个成熟的人最终能达到他既是自己的母亲，又是自己的父亲的高度"（第 6 段）

_____

_____

     iii "成熟的人既同母亲的良知，又同父亲的良知生活在一起，尽管两者看上去互为矛盾"（第 6 段）

_____

_____

二、指导写作

仔细阅读短文一和短文二，然后回答问题。

短文一

台湾的"祖孙嘉年华"于这个月的 25 日登场，庆祝一年一度的"祖父母节"。大部分的人都表示，订定"祖父母节"很有意义，让祖孙更亲密，家庭更和乐，社会更和谐团结。

为庆祝"祖父母节"，台湾政府今天在新庄体育馆举办"祖孙嘉年华"活动，吸引不少人参与，不时可以看到祖孙同乐画面。

活动开幕仪式由高龄 90 岁的"阿公"大跳"骑马舞"，带动现场气氛，人们都对阿公们的灵活操作表示佩服，也肯定祖父母节活动的意义。

政府表示，随着社会高龄化，祖父母与孙子或曾孙互动机会也变少，现在有父亲节、母亲节，台湾教育部才订定每年 8 月的第 4 个星期日为祖父母节。

随着各地增设乐龄学习中心，让大手牵小手，一起上学去，祖孙间的感情更亲密，也能促进家庭和乐，进而让社会更和谐及团结。推动乐龄学习中心愈来愈成功，就连学校也为祖孙举办夏令营等活动，下周各校的开学日，还要让祖孙一起开学，要让祖孙感情更加亲密。

www.epochtimes.com

短文二

| 主页 | 联系我们 | 帮助 | FAQs |

日期：2018 年 2 月 23 日星期四　　时间：下午 5:31　用户名：西北小孩

这几年有不少学校开始举办的"祖父母节"，目的是鼓励各位重视孝道，追源溯本，并且鼓励学生能参加该校义工组所举办的活动。

社会上对敬老意识越来越薄弱。现在长者的人口不断增长，但社会上对长者的关心似乎越来越少，甚至有虐老的新闻出现。中国人讲究"孝"，《孝经》中说到："夫孝，德之本也，教之所由生也。"拥有孝道，就是有德行、有修养的表现。

长者对我们的社会有莫大的贡献。他们刻苦耐劳，不求回报，应该得到我们的推崇和学习。我们身边的祖父母，都在年轻的时候辛苦地养育我们的爸爸妈妈，甚至现在有祖父母因为爸妈需要工作所以带孙子的。有人认为，我们之能够丰衣足食，有容身之所，都是因为祖父母不问回报的精神。

"祖父母节"正是为了有效地改善跨代关系，鼓励学生欣赏祖父母的德行。我听过有一个活动叫"我最敬爱的祖父母选举"。学校邀请祖父母来到学校，学生在午饭时间分享一件祖父母为自己做过的感人事情。活动以选举的形式举行，能让同学参与之余，亦能宣扬孝道，并能表扬祖父母，让大家都能够在每一天尊敬、欣赏我们的祖父母。

赞 5　　评论 0　　分享 13

指导写作：250–350 字

学校打算第一次举办"祖父母节"，老师和同学对这个活动反应正面。你是学校的义工组组长，校长请你在周会上跟同学推广这次的祖父母节。

在你写的文章中应当涵盖以下范围：

1　综合祖父母节中的活动
2　解释中国人对"孝"的看法与祖父母节的关系
3　论述祖父母节的正面意义

请先把文章重点摘录在以下表格内，然后把文章写出来。

1 综合祖父母节 中的活动	
2 解释中国人对 "孝"的看法与 祖父母节的关系	
3 论述祖父母节 的好处	

三、文言文

作者

顾炎武（1613-1682），原名绛，字忠清。明末清初著名的思想家、学者。明亡后，因慕文天祥学生王炎午为人，改名炎武，字宁人，亦自署蒋山佣。因故居旁有亭林湖，学者尊为亭林先生。知识渊博，与黄宗羲、王夫之并称"明末清初三大儒"。其主要作品有《日知录》、《天下郡国利病书》等。

题解

这篇文章选自《顾亭林诗文集·亭林文集》卷三。这是一封给友人的信，谈的是为学的大道理。信中批判了明代王守仁以来的一些理学家空谈心性而脱离实际的学风，提出了为学应继承孔孟以来的重实学而不尚空谈，要"博学于文"、"行己有耻"，博学与修身并重。

请阅读以下短文，然后回答问题。

顾炎武《与友人书》

人之为学，不日进则日退。独学无友，则**孤陋**[1]而难成；久处一方，则**习染**[2]而不自觉。不幸而在穷僻之**域**[3]，无车马之资，犹当博学**审问**[4]，**古人与稽**[5]，以求其是非之所在。**庶几**[6]可得十之五六。若既不出户，又不读书，则是**面墙**[7]之士，虽**子羔**[8]、**原宪**[9]之贤，终无济于天下。子曰："**十室之邑**[10]，必有忠信如**丘**[11]者焉，不如丘之好学也。"夫以孔子之圣，犹须好学，今人可不勉乎？

词语

1. 孤陋 (gū lòu)：见闻少，学识浅薄。
2. 习染 (xí rǎn)：沾上不好的习惯。
3. 域 (yù)：地方。
4. 审问 (shěn wèn)：详细地问。指在学问的探究上深入追求。
5. 古人与稽 (gǔ rén yǔ jī)：稽，考证。全句指参照古人的典籍，加以考证。
6. 庶几 (shù jī)：或许，也许。
7. 面墙 (miàn qiáng)：面对着墙，一无所见。比喻不学无术，毫无才能。
8. 子羔 (Zǐ Gāo)：高柴姓高名柴，字子羔，又称子皋、子高、季高，比孔子小三十岁。高柴在孔子门下受业，孔子认为他憨直忠厚。

13

> **9** 原宪 (Yuán Xiàn)：原宪字子思，孔子七十二弟子之一。有记载分别说他是鲁国、宋国、齐国人。孔子去世后，他在卫国隐居。
>
> **10** 十室之邑 (shí shì zhī yì)：十室，十户人家。邑，人民聚居之处，泛指村落、城镇。
>
> **11** 丘 (Qiū)：孔子的自称。

导读问题

1 句中"若既不出户，又不读书，则是面墙之**士**"的"士"是指什么？

☐ **A** 男子　　☐ **B** 老师　　☐ **C** 官员　　☐ **D** 读书人

2 下面的话是出自谁之口：

a 子曰："十室之邑，必有忠信如丘者焉，不如丘之好学也。"
出自

_____

b "夫以孔子之圣，犹须好学，今人可不勉乎？"出自

_____

3 解释下列画线词语：

a 久处**一方**：_____

b 不幸而在穷**僻**之域：_____

c 无车马之**资**：_____

4 请用自己的话回答：

a 作者对做学问一事抱持什么观点？

_____

b 作者在文中主张世人应采用哪些读书方法？

_____

5 请将下列句子翻译成现代汉语。

a 人之为学，不日进则日退

_____

b 以求其是非之所在

_____

c 夫以孔子之圣，犹须好学，今人可不勉乎？

_____

6 **a** 试判断"十室之邑，必有忠信如丘者焉"属于倒装句还是省略句。

_____

b 把以上句子译写成白话文。

_____

7 作者运用了哪一种论证方法来论述"普通人须具备好学精神"这个观点？试加以说明。

_____

_____

文化

四书五经

　　四书五经是四书和五经的合称，是中国儒家的经典书籍。四书又称为四子书，是指《论语》、《孟子》、《大学》、《中庸》。由朱熹辑定作为教本，成为后代科举应试的科目。五经是指《诗经》、《尚书》、《礼记》、《周易》和《春秋》。在战国时原有"六经"的说法，为《诗》《书》《礼》《乐》《易》《春秋》。

四、写作

作文字数在 400 到 600 之间

1 描述与叙述
    a 描述：以"他／她用背影默默告诉你：不必追。"作结，写作一篇关于亲情的文章。
    b 叙述：有朋自远方来。
2 议论与论述
    a "棒下出孝子，慈母多败儿。"你同意吗？请说一说自己的意见。
    b "举办'祖父母节'能使家庭更和乐，社会更和谐团结。"你同意吗？请给一本青年杂志写一篇文章，赞同或者反对这种说法。

单元二
此心安处是吾乡

一、试辨识以下的修辞技巧，并把正确的字母写在方格内。

A 比喻　**B** 反问　**C** 排比　**D** 引用

1　树缝里也漏着一两点路灯光，没精打采的，是渴睡人的眼。（朱自清《荷塘月色》）　☐

2　"雅舍"非我所有，我仅是房客之一。但思"天地者万物之逆旅"，人生本来如寄，我住"雅舍"一日，"雅舍"即一日为我所有。（梁实秋《雅舍》）　☐

3　我说："我已经这样大年纪的人，难道不能料理自己么？"（朱自清《背影》）　☐

4　我非显要，故名公巨卿之照片不得入我室；我非牙医，故无博士文凭张挂壁间；我不业理发，故丝织西湖十景以及电影明星之照片亦均不能张我四壁。（梁实秋《雅舍》）　☐

5　在自称文明进步的今日，假如造物主降临世间，一一地检点人类的建设，看到锁和那把铁扇骨而查问它们的用途与来历时，人类的回答将何以为颜？（丰子恺《邻人》）　☐

6　塘中的月色并不均匀，但光与影有着和谐的旋律，如梵婀玲上奏着的名曲。（朱自清《荷塘月色》）　☐

7　旁边有高粱地，有竹林，有水池，有粪坑。（梁实秋《雅舍》）　☐

8　我在画上题了"邻人"两字，联想起了"肯与邻翁相对饮，隔篱呼取尽馀杯"的诗句。（丰子恺《邻人》）　☐

二、比喻

1 以下哪一个是／不是比喻？请在适当的方格内打勾。

		是	不是
a	手机已经成为精密的仪器，在我们生活中必不可少。	☐	☐
b	智能手机已经成为人类的管家，替我们处理每一天大大小小的事情。	☐	☐
c	他个子高，长得真像篮球运动员姚明。	☐	☐
d	经过长久的等待，这群人的狐狸尾巴终于露出来了。	☐	☐

2 比喻分三种，分别为 **A** 明喻、**B** 暗喻、**C** 借喻。试辨识以下的修辞技巧，并把正确的字母写在方格内。

a 方鸿渐自信对她的情谊到此而止，好比两条平行的直线，无论彼此距离怎么近，拉得怎么长，终合不拢来成为一体。（钱钟书《围城》）　☐

b 掉头一去是风吹黑发，回首再来已雪满白头。（余光中《浪子回头》）　☐

c 都怪那只顽皮的猴子，经常把课室弄得乱七八糟。　☐

d 那醉人的绿呀，仿佛一张极大极大的荷叶铺着，满是奇异的绿呀。（朱自清《绿》）　☐

e 白云是山谷里的雪莲，又朦胧又神秘，一朵朵的绽开，实在叹为观止。　☐

f 青春是一个谜，让人好奇；青春是一段奇妙的旅途，可一而不可再；青春是一幅画，色彩绚丽。　☐

g 李白曾说过，时间就如黄河浩浩荡荡的洪水，从天上倾泻下来后，头也不回地奔流到大海，一去不复返。　☐

h 王英坐在飞机上俯视，河流真像一条长长的带子。　☐

三、反问

1 仿照例句，将以下陈述句改写为反问句。

例：你当然想学好中文。

改写：难道你不想学好中文吗？

a 李洋欺骗过韦庭。韦庭再也不会相信他了。

_____

b 老师已经跟家长说得清清楚楚了。

_____

c 这就是大名鼎鼎的王博士。

_____

d 健康的身体就是跟饮食习惯有关的。

_____

2 仿照例句，将以下反问句改写为陈述句。

注：改写后原文的意思不变。

例：女朋友说："你不是一直在欺骗着我吗？"

改写：女朋友说："你一直在欺骗着我。"

a 母亲对你的照顾无微不至，难道你感受不到吗？

_____

b 这不就是王安忆的《长恨歌》吗？

_____

c 星期一，你不是在办公室里上班的吗？

_____

d 他为你做了这么多事情，难道你没有感觉的吗？

_____

四、引用

试阅读以下白先勇的《蓦然回首》节选：

> 　　有一天黄昏，我走到湖边，天上飘着雪，上下苍茫，湖上一片浩瀚，沿岸摩天大楼万家灯火，四周响着耶诞福音，到处都是残年急景。我立在堤岸上，心里突然起了一阵奇异的感动，那种感觉，似悲似喜，是一种天地悠悠之念，顷刻间，混沌的心景，竟澄明清澈起来，蓦然回首，二十五岁的那个自己，变成了一团模糊逐渐消隐。我感到脱胎换骨，骤然间，心里增添了许多岁月。黄庭坚的词："去国十年，老尽少年心。"不必十年，一年已足，尤其是在芝加哥那种地方。回到爱我华，我又开始写作了，第一篇就是《芝加哥之死》。

！ 小提示

　　你可以到图书馆或在网上参考白先勇《蓦然回首》的原文，更能掌握作者引用的用意。

指出引文中两个引用的地方，并说明其作用。

1 明引	
2 暗引	

五、挑战题

写作手法综合分析。试阅读以下一段文字，并分析作品用了什么艺术手法和修辞技巧。

1 有一次，我在洗碗，儿子说："妈妈，你手背上的筋一根根的，就像地图上的河流。"

2 他真会形容，我停下工作，摸摸手背，可不是一根根隆起，显得又瘦又老。这双手曾经是软软、细细、白白的，从什么时候开始，它变得这么难看了呢？不免想，为什么让自己老得这么快？为什么不雇个女工，给自己多点休息的时间，保养一下皮肤，让自己看起来年轻些？

3 可是每当我把一盘盘热腾腾的菜捧上饭桌，看父子俩吃得津津有味，那一份满足与快乐，从心底涌上来，一双手再粗糙点，又算得了什么呢？

4 有一次，我切肉不小心割破了手，父子俩连忙为我敷药膏包扎。还为我轮流洗盘碗，我应该感到很满意了。想想母亲那时，一切都只有她一个人忙，割破手指，流再多的血，她也不会喊出声来。累累的刀痕，谁又注意到了？那些刀痕，不仅留在她手上，也戳在她心上，她难言的隐痛是我幼小的心灵所不能了解的。我还时常坐在泥地上撒赖啼哭，她总是把我抱起来，用脸贴着我满是眼泪鼻涕的脸，她的眼泪流得比我更多。母亲啊！我当时何曾懂得您为什么哭。

节选自琦君《妈妈的手》

_____

_____

_____

_____

_____

_____

_____

_____

第二部分

一、阅读理解

迟子建《寒冷的高纬度》节录

1   童年围绕着我的，除了那些可爱的植物，还有亲人和动物。请原谅我把他们并列放在一起来谈。因为在我看来，他们都是我的朋友。我的亲人，也许是由于身处民风淳朴的边塞的缘故，他们是那么的善良、隐忍、宽厚，爱意总是那么不经意地写在他们的脸上，让人觉得生活里到处是融融暖意。当然，他们也有自己的痛苦和烦恼，比如年景不好的时候他们会为没有成熟的庄稼而惆怅，亲人们故去的时候，他们会抑制住自己的悲哀情绪。我从他们身上，领略最多的就是那种随遇而安的平和与超然，这几乎决定了我成年以后的人生观。至于那些令人难忘的小动物，我与它们之间也是有着难以理解的情缘。我养过宠物，它们都是公认的富有灵性的动物，我可以和它们交谈，可以和它们恶作剧，有时它们与我像是朋友一样亲密，有时候则因这我对他们的捉弄，而好几天对我不理不睬。在喧哗而浮躁的人世间，能够时常回忆起它们，内心会有一种异常温暖的感觉。

2   在这样一片充满了灵性的土地上，神话和传说几乎到处都是。我喜欢神话和传说，因为它们就是艺术的温床。相反，那些事实性的事物和一成定论的自然法则却因为其冰冷的面孔而令人望而生畏。神话和传说喜欢以两种方式存在，一种类似地下的矿藏，我们看不见摸不着，但能嗅到它的气息，这样的传说有待挖掘。还有一种类似于空中的浮云，能望得见，而它行踪飘忽，你只能仰望而无法将其捺入掌中。神话和传说是最绚丽的艺术灵光，它闪闪烁烁地游荡在漫无边际的时空中。而且，她喜欢寻找妖娆的自然景观作为诞生地，所以人世间流传最多的是关于大海和森林的童话。也许是因为神话的滋养，我记忆中的房屋、牛栏、菜园、山川河流、日月星辰等等，它们无一不沾染了神话的色彩和气韵，我笔下的人物也无法逃脱它们的笼罩，我所理解的活生生的人，不是庸常所指的按现实规律生活的人，而是被神灵之光包围的人，那是一群有个性和光彩的人，他们也许会有种种缺陷，但他们忠实于自己的内心生活，从人性的意义来讲，只有他们才值得永久的抒写。

3 　　我对文学和人生的思考，与我的故乡，与我的童年，与我所热爱的大自然是紧密相连的。对这些所知所识的事物的认识，有的时候是忧伤的，有的时候则是快乐的。我希望能够从一些简单的事物中看出深刻来，同时又能够把一些貌似深刻的事物给看破，这样的话，无论是生活还是文学，我都能够保持一股率真之气、自由之气。

导读问题

1 作者怎样形容亲人的性格？为什么他们会有这些性格特点？

_____

_____

2 作者为什么总觉得生活到处是融融暖意？

_____

_____

3 在什么情况下他们会感觉痛苦和烦恼？请列出两点。

_____

_____

4 作者从这些人的身上领略到什么人生观？

_____

_____

5 每当作者回忆起宠物会有什么感觉？

_____

_____

6 作者为什么喜欢神话和传说？请列出两点。

_____

_____

7 神话和传说以什么方式存在？请列出两点。

_____

_____

8 **a** "那些事实性的事物和一成定论的自然法则却因为其冰冷的面孔而令人望而生畏。"（第 2 段），结合上下文，说说"冰冷的面孔"是什么意思。

_____

_____

b 请根据文章，解释下面句子的意思，并结合上下文说说作者想要表现什么。

i "一种类似地下的矿藏"（第 2 段）

_____

_____

ii "也许是因为神话的滋养"（第 2 段）

_____

二、指导写作

仔细阅读短文一和短文二，然后回答问题。

短文一

回乡过年热闹，留城过年自在；回乡过年破费，留城过年冷清；回乡过年传统年味浓，留城过年也有新乐子；回乡过年阖家团圆是老传统需要传承，留城过年不给春运添堵是新趋势得适应……每年此时，返乡过年还是留城过年都成为异地务工者难以决断的问题。

现在大城市"空城"现象已经在逐渐缓解，务工者年龄越来越以80后、90后为主，更适应城市生活的他们，城市归属感萌芽，更愿意避开春节人潮，留城过年成为一种越来越普遍的现象。

"吃饺子啰！"随着一盘盘新鲜出锅的饺子端上桌，深圳某大食堂里一片欢声笑语，不少员工刚下班就赶来了。他们来自不同省份，包着形状不同的饺子，相同的是，他们脸上挂着的灿烂笑容和感动的心。"聚在这里的员工，有不少是选择留深过年的。"为让春节没有返乡的员工能在深圳过上一个欢乐祥和的新春佳节，区领导与职工一起包饺子、吃饺子。此外，还为留深过年的职工准备了一万份饺子券。

留深过年，也成为不少年轻人的选择。某网友发帖约留深过年的知友一起玩。年夜饭如果有六人以上她可以组织，年初一大伙儿可以一起去看电影；年初二去梧桐山或者杨梅坑耍一天。另一网友来深四年，有两年是在深圳过的年。"主要是春运期间实在不想挤，而且现在越来越多的人选择留在深圳过年，这边气候温润，很舒服。"

www.chinanews.com

短文二

要鼓励更多外来务工者留城过年，城市就要"以情留人"，把留人功夫做在平时，提升他们对城市的归属感。

首先，此举能带来很多好处。比如对外来务工者自身而言，趁着春节假期更加深入地融入城市，享受城市生活，很有吸引力；对城市发展而言，留下来过年的人越多，越能减少劳动力市场的波动，让价格市场趋于稳定。留城过年的人多了有助于降低春运的拥挤程度，减少交通压力。

其次，从情感上说，让更多外来工留下来，为他们安排一个充满浓浓温情和包容的"城市年"，也体现了城市并非冷冰冰的水泥森林。

想让更多外来务工者愿意留城过年，要为他们提供更加丰富多彩的节庆活动。比如很多企业为春节没有返乡的工人办饺子宴和发红包；有的公司还为员工者提供景点门票，让他们带着家人好好游玩。更值得点赞的是不少志愿者组织，推出了很多针对外来务工者留城过年的志愿活动，例如为"小候鸟"们开办读书会、游学团等等。通过这些举措，让更多外来务工者发现原来过年留在城市"很好玩"，促使他们更主动地留下来。

在中国人的情感深处，过年始终与"回家"联系在一起。要让更多外来务工者愿意留城过年，最根本的办法还是帮助他们以及他们的家庭，更深入地融入城市，甚至在城市安家落户。眼下 80 后、90 后为主的外来务工者更易于接受城市文化，往往也有更强烈的扎根城市的愿望。但与此同时，城市也要为这些务工者提供更好的福利、医疗、教育等公共服务，更便捷的落户渠道。

news.sina.com.cn

指导写作：250-350 字

每年春节你都会跟父母回乡过年，但今年你不打算跟往年一样回乡过年，试写一封信给爷爷奶奶解释原因。

信中应当涵盖以下范围：

1 描述留城过年的情况
2 比较回乡过年与留城过年的利与弊
3 论述回乡过年的意义

_____

_____

_____

_____

_____

_____

_____

_____

_____

三、文言文

作者

　　王鏊（ào）（1450-1524）字济之，别号守溪，晚号拙叟，学者称震泽先生。明代名臣、文学家、书法家。十六岁时国子监诸生即传诵其文，成化十一年进士。授编修，弘治时历侍讲学士，充讲官，擢吏部右侍郎，正德初进户部尚书、文渊阁大学士。博学有识鉴，著有《姑苏志》、《震泽集》、《震泽长语》。

题解

　　《亲政篇》尖锐地指出朝廷内上下间隔不通的危害，切中时弊。然而，王鏊提出的恢复内朝亲政的办法没有被采纳。武宗以后，皇帝更加亲信宦官，政治更加腐败，明朝终于走向灭亡的道路。

请阅读以下短文，然后回答问题。

王鏊《亲政篇》节录

　　惟陛下远法圣祖，近法孝宗，尽铲近世**壅隔**[1]之弊。常朝之外，即文华、武英二殿，仿古内朝之意：大臣三日或五日，一次起居；侍从、台谏各一员，上殿轮对；诸司有事**咨决**[2]，上据所见决之，有难决者，与大臣面议之。不时引见群臣，凡谢恩辞见之类，皆得上殿陈奏；虚心而问之，和颜色而道之。如此，人人得以**自尽**[3]；陛下虽深居九重，而天下之事灿然毕陈于前。外朝所以正上下之分，内朝所以通远近之情。如此，岂有近时壅隔之弊哉？**唐虞**[4]之时，**明目达聪，嘉言罔伏**[5]，野无遗贤，亦不过是而已！

词语

1　壅隔 (yōng gé)：上下阻隔。

2　咨决 (zī jué)：请示皇帝裁定。

3　自尽 (zì jìn)：把自己的意见全部说出。

4　唐虞 (Táng Yú)：唐尧、虞舜二帝。尧舜时代，皆行禅让，帝位传贤不传子，自古以来，就称为"太平盛世"。

5　明目达聪，嘉言罔伏 (míng mù dá cōng, jiā yán wǎng fú)：眼睛明亮，耳朵灵敏，正确的意见从不被埋没。

导读问题

1 作者认为陛下怎样做才可以尽铲近世壅隔之弊？

_____

2 解释下列画线词语：

a 尽**铲**近世壅隔之弊

_____

b 台**谏**各一员

_____

c 皆得上殿陈**奏**

_____

3 "外朝所以正上下之分，内朝所以通远近之情。"一句用了什么修辞技巧？

_____

4 作者对陛下有什么建议？请用自己的话列出三点。

_____

5 陛下应持什么态度对待大臣？

_____

6 请将下列句子翻译成现代汉语。

a 陛下虽深居九重，而天下之事灿然毕陈于前。

_____

b 外朝所以正上下之分，内朝所以通远近之情。

_____

7 作者为什么在文末提到"唐虞"？

_____

8 文中提到的治国方法你认为可行吗？为什么？

_____

_____

四、写作

作文字数在 400 到 600 之间

1 议论与讨论

a "此心安处是吾乡"。你同意这句话吗？写一篇博客赞同或者反对这个观点。

b 有人说："虎妈两个女儿有今天的成就全靠虎妈的教育方式"你同意吗？请说一说自己的意见。

2 描述与叙述

a 描写：家乡的变化

b 叙述：家乡一日游

单元三
千古风流人物

第一部分 语文运用和艺术手法分析

一、请阅读以下句子，请判断哪一个是对比，哪一个不是。

		是	不是
1	人往高处走，水往低处流。（中国俗语）	☐	☐
2	朱门酒肉臭，路有冻死骨。 （杜甫《自京赴奉先县咏怀五百字》）	☐	☐
3	春蚕到死丝方尽，蜡炬成灰泪始干。（李商隐《无题》）	☐	☐
4	一个阔人说要读经，嗡的一阵一群狭人也说要读经。 （鲁迅《这个与那个》）	☐	☐
5	静如处子，动若脱兔。（《孙子·九地》）	☐	☐
6	亲贤臣，远小人，此先汉所以兴隆也；亲小人，远贤臣， 此后汉所以倾颓也。（诸葛亮《出师表》）	☐	☐
7	锲而舍之，朽木不折；锲而不舍，金石可镂。 （荀子《劝学》）	☐	☐
8	书中自有黄金屋，书中自有颜如玉。（宋真宗《劝学诗》）	☐	☐
9	这班官儿们，黑眼珠只看见白银子，句句话忠君爱民， 样样事祸国殃民。（姚雪垠《李自成》）	☐	☐

二、试辨识以下的修辞技巧，并把正确的字母写在方格内。

A 比喻	**B** 反问	**C** 排比	**D** 引用
E 反语	**F** 对偶	**G** 对比	**H** 反复

1	也许，也许你要睡一睡。（闻一多《也许》）	☐
2	全然忘却，毫无怨恨，又有什么宽恕之可言呢？ （鲁迅《风筝》）	☐
3	花径不曾缘客扫，蓬门今始为君开。 （杜甫《客至——喜崔明府相过》）	☐
4	微风吹过，送来缕缕清香，彷佛远处高楼上渺茫 的歌声似的。（朱自清《荷塘月色》）	☐

5　旦辞爷娘去，暮宿黄河边，不闻爷娘唤女声，但
　　闻黄河流水鸣溅溅。旦辞黄河去，暮宿黑山头，
　　不闻爷娘唤女声，但闻燕山胡骑鸣啾啾。
　　（佚名《木兰辞》）

6　母亲啊！你是荷叶，我是红莲。（冰心《往事》）

7　到处都是鸟声，到处都是鸟影。大的，小的，花的，
　　黑的，有的站在枝上叫，有的飞起来，有的在扑
　　翅膀。（巴金《鸟的天堂》）

8　孩子中之比较最蠢，最懒，最刁，最泼，最丑，最弱，
　　最不讨人欢喜的，往往最得父母的钟爱。此事似
　　颇费解，其实我们应该记得《西游记》中唐僧为
　　什么偏偏欢喜猪八戒。（梁实秋《孩子》）

9　满招损，谦受益。（《尚书·大禹谟》）

三、以下的《水浒传》节选写的是李逵在寿张县乔装县令，升堂审案的经过。阅读文章，回答所附问题。

　　　　却说李逵手持双斧，直到寿张县。当日午衙方散，李逵来到县衙门口，大叫入来："梁山泊'黑旋风'爹爹在此！"吓得县中人手足都麻木了，动弹不得。原来这寿张县贴着梁山泊最近，若听得"黑旋风李逵"五个字，**端的**[1] **医得**[2]小儿夜啼惊哭，今日亲身到来，如何不怕！

　　　　当时李逵**径**[3]去知县椅子上坐了，口中叫道："着两个出来说话，不来时，便放火。"廊下房内众人商量："只得着几个出去答应；不然，怎地得他去？"数内两个吏员出来厅上拜了四拜，跪着道："头领到此，必有指使。"李逵道："我不来打搅你县里人，因往这里经过，闲耍一遭，请出你知县来，我和他**厮**[4]见。"两个去了，出来回话道："知县相公却才见头领来，开了后门，不知走往哪里去了。"李逵不信，自转入后堂房里来寻。"头领看，那幞衣衫匣子在那里放着。"李逵扭开锁，取出**幞头**[5]，领上**展角**[6]，将来戴了，把绿袍公服穿上，把**角带**[7]系了，再寻皂靴，换了麻鞋，拿着**槐简**[8]，走出厅前，大叫道："**吏典**[9]人等都来参见。"众人没奈何，只得上去答应。

词语

1 端的 (duān dì)：真的。
2 医得 (yī dé)：使……停止。
3 径 (jìng)：直截了当。
4 厮 (sī)：互相。
5 幞头 (fú tóu)：官员的帽子。
6 展角 (zhǎn jiǎo)：古时官帽后部的附件。
7 角带 (jiǎo dài)：以角为饰的腰带。
8 槐简 (huái jiǎn)：槐木造的手版。
9 吏典 (lì diǎn)：府县的吏员。

指出引文中如何运用行动描写、语言描写和侧面描写来塑造李逵的形象，并略加以说明。

写作手法	引文例子	说明
行动描写	例子：李逵扭开锁，取出幞头，领上展角，将来戴了，把绿袍公服穿上，把角带系了，再寻皂靴，换了麻鞋，拿着槐简，走出厅前。	李逵乔装县令，自行穿上县令的服装，表现他胡闹、爱捣蛋的一面。
	1 _____ _____ _____	**2** _____ _____ _____
语言描写	**3** _____ _____ _____ _____	**4** _____ _____ _____ _____

写作手法	引文例子	说明
侧面描写	**5**	**6**

四、试阅读以下一篇文章，回答所附问题。

梁实秋《勤》

1　勤，劳也。无论劳心劳力，竭尽所能黾勉从事，就叫做勤。各行各业，凡是勤奋不怠者必定有所成就，出人头地。即使是出家的和尚，自有一番精进的功夫要做，于读经礼拜之外还要勤行善发不自放逸。且举两个实例：

2　一个是唐朝开元间的百丈怀海禅师。他制定了"百丈清规"，他自己笃实奉行，"一日不作，一日不食。"一面修行，一面劳作。他到了暮年仍然照常操作，弟子们于心不忍，偷偷地把他的农作工具藏匿起来。禅师找不到工具，那一天没有工作，但是那一天他也就真个的没有吃东西。

3　另一个是清初的以山水画著名的石溪和尚。请看他自题《溪山无尽图》："大凡天地生人，宜清勤自持，不可懒惰。若当得个懒字，便是懒汉，终无用处。懒而不觉，何异草木？"人而不勤，无异草木，这句话沉痛极了。过饱食终日无所用心的生活，英文叫做 vegetate，义为过植物的生活。中外的想法不谋而合。

4　恶劳好逸，人之常情。就因为这是人之常情，人才需要鞭策自己。勤能补拙，勤能损欲，这还是消极的说法，勤的积极意义是要人进德修业，不但不同于草木，也有异于禽兽，成为名副其实的万物之灵。

1　文章的中心论点是什么？

_____

_____

_____

2　文章如何用归纳论证的手法，带出"即使是出家的和尚，自有一番精进的功夫要做，于读经礼拜之外还要勤行善发不自放逸"？

_____

_____

_____

3　作者善用引用，试举出两个例子，并稍加说明。

_____

_____

_____

_____

一、阅读理解

金庸《射雕英雄传》节录

1　　那书生一呆，本以为这字谜颇为难猜，纵然猜出，也得耗上半天，在这窄窄的石梁之上，那少年武功再高，只怕也难以久站，要叫二人知难而退，乖乖的回去，岂知黄蓉竟似不加思索，随口而答，不由得惊讶异常，心想这女孩儿原来绝顶聪明，倒不可不出个极难的题目来难难她，四下一望，见山边一排棕榈，树叶随风而动，宛若挥扇，他是状元之才，即景生情，于是摇了摇手中的折叠扇，说道："我有一个上联，请小姑娘对对。"

2　　黄蓉道："对对子可不及猜谜儿有趣啦，好罢，我若不对，看来你也不能放我们过去，你出对罢。"

3　　那书生挥扇指着一排棕榈道："风摆棕榈，千手佛摇折叠扇。"这上联既是即景，又隐然自抬身分。

4　　黄蓉心道："我若单以事物相对，不含相关之义，未擅胜场。"游目四顾，只见对面平地上有一座小小寺院，庙前有一个荷塘，此时七月将尽，高山早寒，荷叶已然凋了大半，心中一动，笑道："对子是有了，只是得罪大叔，说来不便。"那书生道："但说不妨。"黄蓉道："你可不许生气。"

5　　那书生道："自然不气。"黄蓉指着他头上戴的逍遥巾道："好，我的下联是：'霜凋荷叶，独脚鬼戴逍遥巾'。"

6　　这下联一说，那书生哈哈大笑，说道："妙极，妙极！不但对仗工整，而且敏捷之至。"郭靖见那莲梗撑着一片枯凋的荷叶，果然像是个独脚鬼戴了一顶逍遥巾，也不禁笑了起来。黄蓉笑道："别笑，别笑，一摔下去，咱俩可成了两个不戴逍遥巾的小鬼啦！"

7　　那书生心想："寻常对子是定然难不倒她的了，我可得出个绝对。"猛然想起少年时在塾中读书之时，老师曾说过一个绝对，数十年来无人能对得工整，说不得，只好难她一难，于是说道："我还有一联，请小姑娘对个下联：'琴瑟琵琶，八大王一般头面'。"

8　　黄蓉听了，心中大喜："琴瑟琵琶四字中共有八个王字，原是十分难对。只可惜这是一个老对，不是你自己想出来的。爹爹当年在桃花岛上闲着无事，早就对出来了。我且装作好生为难，逗他一逗。"于是皱起了眉头，作出愁眉苦脸之状。那书生见难倒了她，甚是得意，只怕黄蓉反过来问他，于是说在头里："这一联本来极难，我也对不工稳。不过咱们话说在先，小姑娘既然对不出，只好请回了。"

9　　黄蓉笑道："若说要对此对，却有何难？只是适才一联已得罪了大叔，现在这一联是一口气要得罪渔、樵、耕、读四位，是以说不出口。"那书生不信，心道："你能对出已是千难万难，岂能同时又嘲讽我师兄弟四人？"

10　　说道："但求对得工整，取笑又有何妨？"黄蓉笑道："既然如此，我告罪在先，这下联是：'魑魅魍魉，四小鬼各自肚肠'。"

11　　那书生大惊，站起身来，长袖一挥，向黄蓉一揖到地，说道："在下拜服。"黄蓉回了一礼，笑道："若不是四位各逞心机要阻我们上山，这下联原也难想。"

12　　原来当年黄药师作此对时，陈玄风、曲灵风、陆乘风、冯默风四弟子随侍在侧，黄药师以此与四弟子开个玩笑。其时黄蓉尚未出世，后来听父亲谈及，今日却拿来移用到渔、樵、耕、读四人身上。

13　　那书生哼了一声，转身纵过小缺口，道："请罢。"

14　　郭靖站着静听两人赌试文才，只怕黄蓉一个回答不出，前功尽弃，待见那书生让道，心中大喜，当下提气跃过缺口，在那书生先前坐处落足一点，又跃过了最后那小缺口。

15　　那书生见他负了黄蓉履险如夷，心中也自叹服："我自负文武双全，其实文不如这少女，武不如这少年，惭愧啊惭愧。"

导读问题

1　那书生为什么一呆？这个描写的作用是什么？

_____

_____

2　"霜凋荷叶,独脚鬼戴逍遥巾"，这个对联中的"独脚鬼"指的是谁？从黄蓉对出这个下联和她的举动，可见她怎样的性格？

_____

_____

3　书生为了难倒黄蓉，出了一个绝对，黄蓉如何对上？

_____

_____

4　承上题，作者用了什么手法记叙黄蓉父亲当年对下联的经过？有什么作用？

_____

_____

5　从书生与黄蓉的对答中，可以看到书生是一个怎样的人物？

_____

_____

6　文章最后一段中的"他"指的是谁？"他"在这个选段中的作用是什么？

_____

_____

7　请根据文章，归纳出二人能通过考验的原因？请列出两点。

_____

_____

8　请写出一个双关的例子。
　　例子：独脚鬼（第 5 段）

_____

二、指导写作

仔细阅读短文一和短文二，然后回答问题。

短文一

| 主页 | 联系我们 | 帮助 | FAQs |

　　政府昨日清拆了两间旧船厂。公民力量理事长林玉凤认为，政府今次的做法粗暴以及无法理解，她对此感到惊讶："如果是想保育这个地方，就不会用推土机。"澳门特首崔世安不止一次表示，政

府重视保育、爱惜本澳的文化遗产。林玉凤说，如果政府真心想保育的话，就不应该做任何不可修复的清拆工作，应该先加固再规划。

林玉凤表示，政府完全没有为旧船厂的部件做记录，以便日后可以还原。"只是将其当作垃圾一样，用铲泥车铲掉，政府这种拆法，说明没有准备做还原工作。"她补充说，旧船厂有危险的部分要拆卸可以理解，但那应该是清理，而非清拆。政府以公众安全为由清拆旧船厂，但一直未有交出相关的安全报告，明显说服力不足。

再者，如果政府真的别有计划的话，始终需要向公众交代，但未有计划的时候，就不应该作出任何不可修复的清拆工作。

政府对于历史建筑的保育计划，让市民看到一个有承担的政府，这对其日后的管制实在是百利而无一害。

aamacau.com

短文二

刘国伟认为，政府也早已意识到这个问题，古谘会才会于两年前提出多项建议，鼓励私人业主保留、活化和保养历史建筑。他形容古谘会目前"来势汹汹"，最终改革的最大成果，是政府在 2016 年成立 5 亿元的保育历史建筑基金，基金用作公众教育、社区参与用途。政府也优化维修资助计划，将每次申请上限提高至 200 万元，开放予私人业主申请。但他表示，保育的成本往往较一般维修成本更为高，基金可支持的保育工作有限，质疑计划诱因不足。

同时，近年香港亦越来越多民间团体投入保育。刘国伟认为，他们跟政府周旋间，依然感到疲惫。他举例说，中环阁麟街"背对背平房"是否应该保育，早前引起争议，保育人士为了说服政府，独力侦查旧文件，查证大厦结构和用料，对照当时建筑法例，甚至追查涉事人士的背景，以作历史考证。

他坦言在争取的过程中，感到政府一方表现"非常傲慢"，不愿聆听民间意见。但他认为，即使当刻难以期望政策有重大改革，民间仍有许多事可以做，例如成立民间智库或专家小组等，全天候去监察古迹办的工作。

做好保育，让我们的下一代能感受到先祖遗风，对过去的历史也有较深刻的理解与体会。同时，也为休闲活动提供另类的选择。

theinitium.com

指导写作：250–350 字

最近社会上对"历史建筑的清拆与保育"这个话题的讨论表现非常热烈，试写一篇博客文章，讲讲你对这方面的看法。

在你写的博客文章中应当涵盖以下范围：

1 描述对历史建筑进行保育所遇到的困难
2 比较政府与民间对保育的不同态度
3 评价保育工作所带来的影响

_____

_____

_____

_____

_____

_____

_____

_____

_____

_____

_____

_____

三、文言文

作者

唐顺之（1507-1560），字应德，号荆川。明代儒学大师、军事家、散文家。嘉靖八年会试第一，官翰林编修，后调兵部主事。当时倭寇屡犯沿海，唐顺之以兵部郎中督师浙江，曾亲率兵船破倭寇于海上。嘉靖三十九年，督师抗倭途中不幸染病去世。崇祯时追谥襄文。学者称其为"荆川先生"。

题解

唐顺之的《信陵君救赵论》一文，以大家所熟知的"信陵君窃符救赵"的事件为题材。节录部分的重点有二：其一，信陵君之所以救赵，并非为保魏国或其他几国，而只因其姻亲平原君在赵。其二，信陵君应当面向魏王提出意见，光明正大救赵。整篇文章构思严谨，以驳斥原有论点开篇，有条不紊地陈述出自己的论调。

请阅读以下短文，然后回答问题。

唐顺之《信陵君救赵论》节录

信陵一公子耳，魏固有王也。赵不请救于王，而**谆谆**[1]焉请救于信陵，是赵知有信陵，不知有王也。平原君以婚姻**激**[2]信陵，而信陵亦自以婚姻之故，欲急救赵，是信陵知有婚姻，不知有王也。其窃**符**[3]也，非为魏也，非为六国也，为赵焉耳。非为赵也，为一平原君耳。使祸不在赵，而在他国，则虽撤魏之障，撤六国之障，信陵亦必不救。使赵无平原，或平原而非信陵之姻戚，虽赵亡，信陵亦必不救。则是赵王与**社稷**[4]之轻重，不能当一平原公子，而魏之兵甲所**恃**[5]以固其社稷者，只以供信陵君一姻戚之用。幸而战胜，可也；不幸战不胜，为虏于秦，是倾魏国数百年社稷以**殉**[6]姻戚，吾不知信陵何以谢魏王也？余以为信陵之自为计，**曷若**[7]以唇齿之势激谏于王，不听，则以其欲死秦师者而死于魏王之前，王必悟矣。

词语

1 谆谆 (zhūn zhūn)：反复。
2 激 (jī)：激启。
3 符 (fú)：古代朝廷传达命令或征调兵将用的凭证。
4 社稷 (shè jì)：古代帝王、诸侯所祭祀的土神（社）和谷神（稷），合称社稷。后借指国家。
5 恃 (shì)：依赖，仗着。
6 殉 (xùn)：为某种目的而牺牲生命。
7 曷若 (hé ruò)：何如。用反问的语气表示不如。

导读问题

1 为什么赵国不向魏王求救？这说明了什么？

_____

2 平原君和信陵君是什么关系？

_____

3 信陵君是为谁而偷取兵符？

☐ **A** 魏国　　　☐ **B** 平原君　　　☐ **C** 六国　　　☐ **D** 赵国

4 文中提到魏国与秦国的一场战争，最后哪一边战胜？

_____

5 解释下列画线词语：

a 而**谆谆**焉请救于信陵

_____

b **使**祸不在赵，而在他国

_____

c 只以**供**信陵君一姻戚之用

_____

6 请将下列句子翻译成现代汉语。
使赵无平原，或平原而非信陵之姻戚，虽赵亡，信陵亦必不救。

_____

_____

7 "其窃符也，非为魏也，非为六国也，为赵焉耳。"这个句子中的"其"指的是谁？

_____

8 总结全文，作者笔下的信陵君是一个怎样的人？

_____

9 作者认为信陵君应该如何救赵？

_____

_____

四、写作

作文字数在 400 到 600 之间

1 议论与讨论
   a "在大环境中是不可能做到独善其身的"。你同意这句话吗？请说一说自己的意见。
   b "没有失败就没有成功"。请以不同的英雄事迹来引证这句话。

2 描述与叙述
   a 描写：我最崇拜的一位英雄人物
   b 叙述：一位小人物的英雄事迹

_____

_____

_____

_____

_____

_____

_____

_____

_____

_____

单元四
只缘身在此山中

一、感官描写分A视觉、B嗅觉、C听觉、D味觉和E触觉。试辨识以下的感官描写，并把正确的字母写在方格内。

1　围墙既矮，藤萝往往顺着墙把花穗儿悬在院外，散出一街的香气。（老舍《五月的青岛》）　☐

2　最严寒的几天，泥地看去惨白如水门汀，山色冻得发紫而黯，湖波泛着深蓝色。（夏丏尊《白马湖之冬》）　☐

3　风轻悄悄的，草软绵绵的。（朱自清《春》）　☐

4　甘蔗，那么强烈地攫住了我的注意。我含笑取了一节径自放入口中，栖迟异域淡涸了的口腔，就在松动了的齿牙奋力咬拼之下，让一口浓蜜甘冽的蔗汁滋润了龈根，彷佛琼浆在口的美盛快意，直落下心头。（庄因《花花果果》）　☐

5　微风过处，送来缕缕清香，彷佛远处高楼上渺茫的歌声似的。（朱自清《荷塘月色》）　☐

6　油蛉在这里低唱，蟋蟀们在这里弹琴。（鲁迅《从百草园到三味书屋》）　☐

7　"吹面不寒杨柳风"，不错的，像母亲的手抚摸着你。（朱自清《春》）　☐

8　绿，鲜绿，浅绿，深绿，黄绿，灰绿，各种的绿色，联接着，交错着，变化着，波动着，一直绿到天边，绿到山脚，绿到渔帆的外边去。（老舍《五月的青岛》）　☐

9　蒸好的年糕，软滑如水，不黏牙、不滞齿，切片而食，幽香绕去，那股适口的甜味，晃荡晃荡的自喉头轻飘飘的流进了胃囊里，通体舒畅。（尤今《年糕》）　☐

10　那里的风，差不多日日有的，呼呼作响，好像虎吼。（夏丏尊《白马湖之冬》）　☐

二、试辨识以下句子是白描还是细描，并把正确的答案写在横线上。

1 时候既然是深冬，渐近故乡时，天气又阴晦了，冷风吹进船舱中，呜呜的响，从篷隙向外一望，苍黄的天底下，远近横着几个萧索的荒村，没有一些活气。（鲁迅《故乡》）

_____

2 他的面孔黄黑带白，瘦得教人担心，好象大病新愈的人，但是精神很好，没有一点颓唐的样子。头发约莫一寸长，显然好久没剪了，却一根一根精神抖擞地直竖着。胡须很打眼，好象浓墨写的隶体"一字"。（阿累《一面》）

_____

3 看了一遍，又念一遍，自己把两手拍了一下，笑了一声，道"噫！好了！我中了！"说着，往后一交跌倒，牙关咬紧，不省人事。（吴敬梓《儒林外史》）

_____

4 仅仅有一次，他的教鞭好象要落下来，我用石板一迎，教鞭轻轻地敲在石板边上，大伙笑了，他也笑了。（魏巍《我的老师》）

_____

5 老栓也向那边看，却只见一堆人的后背；都伸得很长，仿佛许多鸭，被无形的手捏住了的，向上提着。静了一会，似乎有点声音，使人动摇起来，轰的一声，都向后退，一直散到老栓立着的地方，几乎将他挤倒了。（鲁迅《药》）

_____

三、试辨析以下节选文字所用的说明手法,在适当的方格打勾 (√)。

	引用说明	分类说明	举例说明
1 我国的石拱桥几乎到处都有。这些桥大小不一,形式多样,有许多是惊人的杰作。其中最著名的当推河北省赵县的赵州桥,还有北京丰台区的卢沟桥。(茅以升《中国石拱桥》)			
2 战国时代的孟子,有几句很好的话:"富贵不能淫,贫贱不能移,威武不能屈,此之谓大丈夫。"意思是说,高官厚禄收买不了,贫穷困苦折磨不了,强暴武力威胁不了,这就是所谓大丈夫。大丈夫的种种行为,表现出了英雄气概,我们今天就叫做有骨气。(吴晗《谈骨气》)			
3 按屏的建造材料极其装饰的华丽程度,分为金屏、银屏、锦屏、画屏、石屏、木屏、竹屏等,因而在艺术上有雅俗之别,同时也显露了使用人不同的经济与文化水平。(陈从周《说"屏"》)			
4 唐朝的张嘉贞说它"制造奇特,人不知其所以为"。(茅以升《中国石拱桥》)			
5 地球上的植物种类繁多,有的会吃虫、有的会寄生、有的会运动,真是包罗万象。(董仁威《植物万花筒》)			
6 苏州园林在每一个角落都注意图画美。阶砌旁栽几丛书带草。墙上蔓延着爬山虎或者蔷薇木香。(叶圣陶《苏州园林》)			

四、挑战题

试辨识以下的艺术技巧，并把正确的字母写在方格内。

> A 多角度描写　B 随时推移　C 借景抒情　D 步移法
> E 感官描写　F 静态描写　G 动态描写

1　船驶离赤门海峡，便朝直门头航去。直门头是一条窄长的水道，右边是娥眉洲的峭壁，左边是往湾洲的石崖。穿过直门头，视野为之开朗，原来小船落入了广阔的印塘海中。印塘海是内海，四周都可见陆地阴影。船舷右侧，即是吉澳洲，我们今次远航的目的地。(秀实《吉澳游记》)

2　冬夜，则将衣领竖起，缩着脖子，把冻僵的双手插入口袋裡，踹踏着冰冷的马路钻进布篷下，炒菜煮食的火光，驱走了新生南路上冷空气，让沉默的瑠公圳兀自承受亚热带冷锋袭来寒风冷雨。(林文月《不见瑠公圳》)

3　我冒着严寒，回到相隔二千余里，别了二十余年的故乡去。时候既然是深冬；渐近故乡时，天气又阴晦了，冷风吹进船舱中，呜呜的响，从篷隙向外一望，苍黄的天底下，远近横着几个萧索的荒村，没有一些活气。我的心禁不住悲凉起来了。阿！这不是我二十年来时时记得的故乡？
(鲁迅《故乡》)

4　他的裸体是很健美的，修长的身材，没有体力劳动留下的任何印记，但又很壮实，看得出他进行过规范的体育锻炼。脸上的皮肤稍有点黑；高鼻梁，大花眼，两道剑眉特别耐看。头发是乱蓬蓬的，但并不是不讲究，而是专门讲究这个样子。他是英俊的，尤其是他在沉思和皱眉头的时候，更显示出一种很有魅力的男性美。(路遥《人生》)

5　铁栏外是广阔的海洋，不知为甚么，海浪都向着一个方向淘涌滚动，远处泊着一艘大轮船，逆着方向。像正在前行。朋友说，在风暴的时候，大轮船都得开了摩托，逆着风浪。近岸处，往日的小渔船都不见了。铁栏的网上留下渔民往日兜售海鲜的竹篓和箩子，这些空的竹器绑在铁栏上，显示生计的停顿。(也斯《在风中》)

6　七股大水，从水库的桥孔跃出；仿佛七幅闪光的黄锦，直铺下去，碰着嶙嶙的乱石，激起一片雪白的水珠，脱线一般，撒在洄漩的水面。(李健吾《雨中登泰山》)

7　前些天还暖和得如同阳春三月，昨天清早，天气骤然变冷，空中布满了铅色的阴云，中午，凛冽的寒风刮起来了，呼呼地刮了整整一个下午。黄昏时分风停了，就下起雪来。这是入冬以来的第一场雪。(峻青《第一场雪》)

一、阅读理解

刘心武《怒绿》

1　　那绿令我震惊。

2　　那是护城河边一株人腿般粗的国槐，因为开往附近建筑工地的一辆吊车行驶不当，将其从分杈处撞断。我每天散步总要经过它身边，它被撞是在冬末，我恰巧远远目睹了那惊心动魄的一幕。那一天很冷，我走拢时，看见从那被撞断处渗出的汁液，泪水一般，但没等往下流淌，便冻结在树皮上，令我心悸气闷。我想它一定活不成了。但绿化队后来并没有挖走它的残株。开春后，周围的树都再度先后放绿，它仍默然枯立。谁知暮春的一天，我忽然发现，它竟从那残株上，蹿出了几根绿枝，令人惊喜。过几天再去看望，呀，它蹿出了更多的新枝，那些新枝和下面的株桩在比例上很不协调，似乎等不及慢慢舒展，所以奋力上扬，细细的，挺挺的，尖端恨不能穿云摩天，两边滋出柔嫩的羽状叶片……到初夏，它的顶枝所达到的高度，几乎与头年丰茂的树冠齐平，我围绕着它望来望去，只觉得心灵在充电。

3　　这当然并非多么稀罕的景象。记得三十多年前，一场大雷雨过后，把什刹海畔的一株古柳劈掉了一半，但它那残存的一半，顽强地抖擞着绿枝，继续它的生命拼搏，曾给住在附近的苦闷中的我以极大的激励，成为支撑我度过那些难以认知的荒谬岁月的精神滋养之一。后来我曾反复以水彩和油画形式来刻画那半株古柳的英姿，可惜我画技不佳，只能徒现其外表而难传达其精髓。

4　　改革开放后，我曾在大型的美术展览会上，看到过取材类似的绘画；再后来我有机会到国外的各种美术馆参观，发现从古至今，不同民族的艺术家，都曾以各种风格创作过断株重蹿新枝新芽的作品。这令我坚信，尽管各民族、各宗教、各文化之间存在着若干难以共约的观念，但整个人类，在某些最基本的情感、思考与诉求上，是心心相通的。

5　　　最近常亲近丰子恺的漫画，其中有一幅作于 1938 年的，题有四句诗的素墨画："大树被斩伐，生机并不绝。春来怒抽条，气象何蓬勃。"这画尺寸极小，所用材料极简单，构图更不复杂，但却是我看过的那么多同类题材中，最有神韵、最令我浮想联翩的一幅。是啊，不管是狂风暴雨那样的天灾，还是吊车撞击那类的人祸，受到重创的残株却"春来怒抽条"，再现蓬勃的气象，宣谕超越那恶灾难的善美生命那不可轻易战胜的内在力量；丰子恺那诗中的"怒"字，以及他那墨绘枝条中所体现出的"怒"感，都仿佛画龙点睛，使我原本已经相当丰厚的思绪，倏地提升到了一个新的高度。

6　　　今天散步时，再去瞻仰护城河边那株奋力复苏的槐树，我的眼睛一亮，除了它原有的那些打动我的因素，我发现它那些新枝新叶的绿色，仿佛是些可以独立提炼出来的存在，那绿，是一种非同一般的绿，倘若非要对之命名，只能称作怒绿！是的，怒绿！

7　　　那绿令我景仰。

导读问题

1 作者目睹了槐树有什么悲惨的遭遇？

_____

_____

2 作者在写槐树的悲惨遭遇时，如何用上比喻？

_____

_____

3 作者看见残株上长出绿枝，让他惊喜。哪些词写出惊喜的感觉？

_____

_____

4 在第 2 段中，作者如何运用拟人描写新枝？

_____

_____

5　第 3 段中，作者笔锋一转，写什刹海的古柳。这有什么作用？

_____

_____

6　作者之后带出丰子恺的题词，有什么作用？

_____

_____

7　综合文章内容，解释"怒绿"的意思。

_____

_____

8　a　在文章末段，作者指那种绿是"非同一般的绿"。为什么？

_____

_____

　　b　请根据文章，解释下面句子的意思，并结合上下文说说作者想
　　　要表现什么。

　　　i　蹿出了几根绿枝

_____

_____

　　　ii　倏地提升到了一个新的高度

_____

_____

53

二、指导写作

仔细阅读短文一和短文二，然后回答问题。

短文一

近几年，随着人们的物质文化生活水平越来越高，旅游越来越受欢迎，而人们已对一般的旅游景点感到乏味。生态游、森林游等随之应运而生，而"高校旅游"更是蔚然成风，成为一种新的旅游模式。

"高校旅游"以高等院校作为旅游目的，结合城市旅游和文化旅游。不少家长和学生都渴望感受名牌大学的文化氛围，于是人们都纷纷涌到北京的清华、北大，体验当中的文化气息。对未能如愿进入名牌大学的人来说，参观这些重点大学固然算是了却一桩心愿，但对望子成龙的父母来说，让孩子去大学看看，不但能提前让他们感受大学的生活，更能让他们有一个努力的目标。一位家长说：让小孩从小体验大学的文化气氛，有助陶冶情操。

名牌大学的校园环境不但美丽，一般还有着深厚的历史底蕴。以清华大学为例，它的前身是明朝的一座私家花园，在清朝时更成为圆明园的一部分，称"清华园"，"清华"之名因而得来。不少游客都会到大学拍照，北大令人陶醉的"一塔湖图"美丽校园，也是游客的必到之地。不过，有大学生表示，游客的游览活动，往往影响了学校的安静气氛，打扰了师生的正常生活。

短文二

别以为高校旅游只是国内的独特情况，不少人已经到国外进行高校旅游，英国的剑桥、牛津大学是最受欢迎的地方之一。在剑桥的留学生王一鸣说，当天父母带他到这里参观，跟当地学生聊天时，觉得大学是追求真理、良知道义的地方，当时他情不自禁，向父母承诺，要考上这所大学，果然是有志者，事竟成。

虽然有人认为高校旅游很有意义，但是它其实起不到真正教育学生的目的，更糟糕的是，学生有可能因为父母的压力而讨厌学习，所以我个人是很不喜欢高校旅游的。

美国最近的一份报章刊登了一则新闻：有来高校旅游的游客在校园里爬上一棵百年大树上拍照，导致不少树枝被折断，其痕迹随处可见。高校旅游使大学的环境越来越差，甚至影响到大学的正常教学活动，有教授认为：高校的优美环境不见了，大学竟然变成了一个娱乐场所，这是合理的吗？

有人觉得，家长带孩子来高校旅游，可以感受到很多以前感受不到的东西。孩子可以对大学有更多的认识，有了动机学习，学习兴趣会更大。但人们有没有从大学的角度想过，高校旅游会对大学有什么影响呢？

55

指导写作：250–350 字

在中国"高校旅游"风气越来越热，有的更走出中国了，家长会带孩子到国外进行大学旅游。你是《青年周刊》的记者，杂志主编请你写一篇关于这个现象的文章。

在你写的文章中应当涵盖以下范围：

1　描述高校旅游的目的
2　比较高校旅游对孩子的利与弊
3　论述高校旅游对大学的影响

_____

_____

_____

_____

_____

_____

_____

_____

_____

_____

_____

_____

_____

_____

三、文言文

作者

　　袁宏道（1568-1610）明代文学家，"公安派"的创始者和领袖人物。万历二十年（1592）中了进士，但他不愿做官，并曾辞去吴县县令，在苏杭一带游玩，写下了很多著名的游记，《晚游六桥待月记》便是他的代表作之一。

袁宏道《晚游六桥待月记》

　　西湖最盛，为春为月。一日之盛，为**朝烟**[1]，为**夕岚**[2]。今岁春雪甚盛，梅花为寒所勒，与杏桃相次开发，尤为奇观。

　　石篑[3]数为余言："**傅金吾**[4]园中梅，张功甫家故物也，急往观之。"余时为桃花所恋，竟不忍去。湖上由断桥至苏堤一带，绿烟红雾，弥漫二十余里。歌吹为风，粉汗为雨，罗纨之盛，多于堤畔之草，艳冶极矣。

　　然杭人游湖，止午、未、申三时。其实湖光**染翠之工**[5]，山岚设色之妙，皆在朝日始出，**夕春**[6]未下，始极其浓媚。月景尤不可言，花态柳情，山容水意，别是一种趣味。此乐留与山僧游客受用，安可为俗士道哉？

词语

1 朝烟 (cháo yān)：早上的烟雾
2 夕岚 (xī lán)：傍晚山间的雾气。
3 石篑 (Shí Kuì)：字周望,号石篑,明代会稽人。明万历年进士,袁宏道的朋友。
4 傅金吾 (Fù Jīn Wú)：傅,姓。金吾,汉朝主管京城治安的官员,园林以前的主人。
5 染翠之工 (rǎn cuì zhī gōng)：翠绿之美。
6 夕舂 (xī chōng)：夕阳的代称。

导读问题

1 根据作者所言，西湖最美的景色是什么？

_____

_____

2 根据文章，用自己的话，描述西湖上桃花盛开的情况。

_____

_____

3 解释下列画线词语：

a 石篑**数**为余言

_____

b 余时为桃花所**恋**

_____

c **安**可为俗士道哉？

_____

4 用现代汉语翻译以下句子：

a 今岁春雪甚盛

_____

b 皆在朝日始出

_____

5 在"然杭人游湖，止午、未、申三时"一句中，"止"的意思是：

☐ **A** 不再 　☐ **B** 停止 　☐ **C** 不仅 　☐ **D** 不只

6 为什么作者觉得月色"尤不可言"？请用自己的话回答。

_____

_____

7 填空：作者说自己会欣赏西湖最美丽的时候，可见自己并不是一个_____。

8 "安可为俗士道哉？"一句用了什么修辞技巧？

_____

四、写作

作文字数在 400 到 600 之间

1 议论与讨论

    a 你们当地政府邀请居民就如何改善当地旅游业提出建议，请给他们写一封信，说一说：

        • 现在旅游景点的好坏

        • 改善建议

        • 这些建议如何可以改善当地旅游业

    b "旅游的意义在于体验当地的风土人情。"你同意吗？请写一篇博客，谈谈你的看法。

2 描述与记述

    a 描写：描写一个旅游景点的繁忙情景

    b 叙述：旅行记趣

_____

_____

_____

_____

_____

_____

_____

_____

_____

单元五
格物致知

一、 请阅读以下的短文，然后回答所附问题：

1　　　　可是每星期日，我们都要衣冠整齐地到海边栈桥上去散步。那时候，只要一看见从远方回来的大海船进口来，父亲总要说他那句永不变更的话：

2　　　"唉！如果于勒竟在这只船上，那会叫人多么惊喜呀！"

3　　　父亲的弟弟于勒叔叔，那时候是全家唯一的希望，在这以前则是全家的祸害。

4　　　据说他当初行为不正，糟蹋钱。在穷人家，这是最大的罪恶。在有钱的人家，一个人好玩乐无非算作糊涂荒唐，大家笑嘻嘻地称他一声"花花公子"。在生活困难的人家，一个人要是逼得父母动老本，那就是坏蛋，就是流氓，就是无赖了。于勒叔叔把自己应得的部分遗产吃得一干二净之后，还大大占用了我父亲应得的那一部分。

5　　　人们按照当时的惯例，把他送上从哈佛尔到纽约的商船，打发他到美洲去。

6　　　我这位于勒叔叔一到那里就做上了不知什么买卖，不久就写信来说，他赚了点钱，并且希望能够赔偿我父亲的损失。这封信使我们家里人深切感动。于勒，大家都认为分文不值的于勒，一下子成了正直的人，有良心的人。

（莫泊桑《我的叔叔于勒》 节选）

1 短文的第二段是什么句式？有什么作用？

_____

_____

2 承上题，把这个句子改成陈述句，并讲讲效果有什么不同？

_____

_____

3 这段文字用了什么叙事角度？这样的叙事角度产生了什么效果？

_____

_____

二、以下哪一句是／不是心理描写？请在适当的方格内打勾。

是　不是

1　这林黛玉常听得母亲说过，他外祖母家与别家不同。他近日所见的这几个三等仆妇，吃穿用度，已是不凡了，何况今至其家。因此步步留心，时时在意，不肯轻易多说一句话，多行一步路，惟恐被人耻笑了他去。（曹雪芹《红楼梦》）　☐　☐

2　推开房间，看看照出人影的地板，又站住犹豫："脱不脱鞋？"一转念，忿忿想到："出了五块钱呢！"再也不怕脏，大摇大摆走了进去，往弹簧太师椅上一坐："管它，坐瘪了不关我事，出了五元钱呢。"（高晓声《陈奂生上城》）　☐　☐

3　也许每一个男子全都有过这样的两个女人，至少两个。娶了红玫瑰，久而久之，红的变了墙上的一抹蚊子血，白的还是"床前明月光"；娶了白玫瑰，白的便是衣服上的一粒饭粘子，红的却是心口上的一颗朱砂痣。（张爱玲《红玫瑰与白玫瑰》）　☐　☐

4　阿Q近来虽然比较的受人尊敬，自己也更高傲些，但和那些打惯的闲人们见面还胆怯，独有这回却非常武勇了。这样满脸胡子的东西，也敢出言无状么？（鲁迅《阿Q正传》）　☐　☐

5　记得第一节课是音乐课，老师是一位年轻英俊的男子，他从画满五线谱的黑板走到钢琴旁，弹了几个乐句便张口领唱，他的声音，那么漂亮又那么沉闷，我们已知道，他刚刚划为右派，正在检讨。（余秋雨《老师》）　☐　☐

6　寂寞与孤独自然而然地叫他去做脑子里的活动；对于未来的很少去想象，纵使有的话，也是几天以后的现实问题，除此之外，大半都是过去的回忆，以及以现在的想法去批判。（黄春明《儿子的大玩偶》）　☐　☐

61

三、以下那一句是／不是感叹句？请在适当的方格内打勾。

是　　不是

1 你万万也不会想到现代纸是那么奇异和美妙吧！
(新加坡教材《中学高级华文》二下《奇异的现代纸》)　☐　☐

2 小时候生病，母亲就是这样没日没夜地守在我身旁，
没想到 20 多岁了还要母亲这样照顾。父母为儿子操
劳一生，我曾想过等工作后要好好照顾父母，可如
今……命运是多么不公平啊！（江涛《再给我十年》）　☐　☐

3 啊，孩子们，来吧，母爱永远为你们张着伞啊！
(张秀亚《母爱永远为你们张着伞》)　☐　☐

4 而战争是关系国家安危、人民死生的，岂能有人不负
责？失职的人又怎能不接受最严厉的惩罚呢？（刘墉
《你自己决定吧》）　☐　☐

5 这真是默默的一群，默默的表现一个劳动者那种敦厚
朴实的风范，她们的名字不会被人知道，可是在我的
心目中，她们是有资格被称之为"人物"的一群。
(张腾蛟《那默默的一群》)　☐　☐

四、试从下文中找出不同的人物塑造手法，并把句子抄写下来。

令狐冲慢慢转过身来，只见岳灵珊苗条的背影在左，林平之高高的背影在右，二人并肩而行。岳灵珊穿件湖绿衫子，翠绿裙子，林平之穿的是件淡黄色长袍，两人衣履鲜洁，单看背影，便是一双才貌相当的璧人，令狐冲胸口便如有什么东西塞住了，几乎气也透不过来，他和岳灵珊一别数月，虽然思念不绝，但今日一见，才知对她相爱之深，他手按剑柄，恨不得抽出剑来，就此横颈自刎，突然之间，眼前一黑，只觉天旋地转，一跤坐倒。过了好一会儿，他定了定神，慢慢站起，脑中兀自晕眩，心想："我是永远不能跟他二人相见的了，徒自苦恼，复有何益？今晚我暗中去瞧一瞧师父师娘，留书告知，任我行重入江湖，要与华山派作对，此人武功奇高，要他两位老人家千万小心。我也不必留下名字，从此远赴异域，再不踏入中原一步。"

(金庸《笑傲江湖》节选)

肖像描写	1
动作描写	2
语言描写	3
心理描写	4

一、阅读理解

余华《我能否相信自己》节录

1　　我有一位朋友，年轻时在大学学习西方哲学，现在是一位成功的商人。他有一个十分有趣的看法，有一天他告诉我，他说："我的大脑就像是一口池塘，别人的书就像是一块石子；石子扔进池塘激起的是水波，而不会激起石子。"最后他这样说："因此别人的知识在我脑子里装得再多，也是别人的，不会是我的。"

2　　他的原话是用来抵挡当时老师的批评，在大学时他是一个不喜欢读书的学生，现在重温他的看法时，除了有趣之外，也会使不少人信服，但是不能去经受太多的反驳。

3　　这位朋友的话倒是指出了这样一个事实：那些轻易发表看法的人，很可能经常将别人的知识误解成是自己的，将过去的知识误解成未来的。然后，这个世界上就出现了层出不穷的笑话。

4　　有一些聪明的看法，当它们被发表时，常常是绕过了看法。就像那位希腊人，他让命运的看法来代替生活的看法；还有艾萨克. 辛格的哥哥，尽管这位失败的作家没有能够证明"只有事实不会陈旧过时"，但是他的弟弟，那位对哥哥很可能是随口说出的话坚信不已的艾萨克. 辛格，却向我们提供了成功的范例。辛格的作品确实如此。

5　　对他们而言，真正的"看法"又是甚么呢？当别人选择道路的时候，他们选择的似乎是路口，那些交叉的或者是十字的路口。他们在否定"看法"的时候，其实也选择了"看法"。这一点谁都知道，因为要做到真正的没有看法是不可能的。既然一个双目失明的人同样可以行走，一个具备了理解的人如何能够放弃判断？

6　　是不是说，真正的"看法"是无法确定的，或者说"看法"应该是内心深处迟疑不决的活动，如果真是这样，那么看法就是沉默。可是所有的人都在发出声音，包括希腊人、辛格的哥哥，当然也有蒙田。

7 　　与别人不同的是，蒙田他们不约而同地选择了怀疑主义的立场，他们似乎相信"任何一个命题的对面，都存在着另外一个命题"。

8 　　由此可见，我们生活中的看法已经是无奇不有。既然两个完全对立的看法都可以荣辱与共，其他的看法自然也应该得到它们的身分证。

9 　　我已经有 15 年的写作历史，我知道这并不长久，我要说的是写作会改变一个人，尤其是擅长虚构述的人。作家长时期的写作，会使自己变得越来越软弱、胆小和犹豫不决；那些被认为应该克服的缺点在我这里常常是应有尽有，而人们颂扬的刚毅、果断和英勇无畏则只能在我虚构的笔下出现。思维的训练将我一步一步地推到了深深的怀疑之中，从而使我逐渐地失去理性的能力，使我的思想变得害羞和不敢说话；而另一方面的能力却是茁壮成长，我能够准确地知道一粒钮扣掉到地上时的声响和它滚动的姿态，而且对我来说，它比死去一位总统重要得多。

导读问题

1 作者朋友提出的有趣看法是什么？

_____

_____

2 为什么作者认为朋友的看法除了有趣之外，也会让人信服？

_____

_____

3 作者举了哪两个例子来说明当聪明的看法被发表时，常常是绕过了看法？

_____

_____

4 为什么要做到真正的没有看法是不可能的？

_____

_____

5   蒙田相信什么道理？

_____

_____

6   作者为什么认为写作会改变一个人？

_____

_____

7   思维的训练对作者有什么影响？

_____

_____

8 a "如果真是这样，那么看法就是沉默。"（第6段），结合上下文，说说"那么看法就是沉默"是什么意思。

_____

_____

   b 请根据文章，解释下面句子的意思，并结合上下文说说作者想要表现什么。

      i "而人们颂扬的刚毅、果断和英勇无畏则只能在我虚构的笔下出现。"（第9段）

_____

_____

      ii "使我的思想变得害羞和不敢说话"（第9段）

_____

_____

二、指导写作

仔细阅读短文一和短文二，然后回答问题。

短文一

随着网络发展，网上出现很多自学群组或团体，脸书上有名为台湾在家自学联盟的专页。实验教育三法在 2014 年订立时，同时也订立了非学校型态教育方案的改革。

何谓非学校型态？是指所有非常规学校形式，没有固定校舍、没有固定课程、没有固定上课时间表，甚至不限制教师资格，人数少于 30 人的共学团体，这包括个人在家自学的方式。

自从学校教育变成主流，加上免费教育实施以后，社会大众都认为孩子必须到学校学习才行。还记得 2002 年梁道灵父亲禁止孩子上学，控诉教育制度无法教好他的孩子，选择在家自学两年多，却引来批评及教育局的介入。

自学在当时的社会气氛，香港政府及普罗大众仍然无法接受。学校教育无疑有着高效率的优点，能大量培训人才，考试也是一种客观公平的考核方式。可是随着国家课程的订立，反而限制了学生需要学习的内容，加上剧烈的考试竞争，无可避免产生大量失败者，打击学生的学习信心。

www1.master-insight.com

短文二

> 　　学校教育的目的之一，是让学生及早适应社会的运作。当学生在学校内接受教育时，由于学校是由不同群体组成，这正好让学生学习在群体中生活，而学校一般都会安排不同学生担当不同的岗位，让他们在履行学生义务的同时多与他人相处并合作。
>
> 　　纵然有人认为学校的教育方式未能顾及到个别学生的学习需要，但学校的教育模式无疑是效率最高的。就大部分科目而言，老师在课堂上先讲解基本概念，过程中容许学生发问作互动交流，然后便以功课形式作复习，并以测验和考试为评核方式，这种方法效率高且适合大部分学生，而且过程中学生要独自应付练习考核，也能训练他们的独立能力。
>
> 　　学校的教育受教育局课程指引所规范，而教师则受过教育训练或具经验，因此学校的教育质素会相对地稳定。而在家教育强调灵活教学，不能保证由父母所提供的在家教育是适合学生的。再者即使父母有其擅长之处，也不能保证恰当地教导所有科目。
>
> paper.wenweipo.com

指导写作：250–350 字

有家长打算让孩子在家学习代替到学校上学，试写一篇博客谈谈你的意见。

在你写的博客中应当涵盖以下范围：

1 描述现在家长对孩子学习模式有什么考虑
2 比较在家与在校学习的利与弊
3 论述哪一种更切合社会需要

_____

_____

_____

_____

_____

_____

_____

_____

_____

_____

_____

三、文言文

作者

袁宗道（1560–1600），字伯修，号玉蟠，一号石浦，湖北公安长安里人，明朝政治人物、文学家，进士出身。明朝萬曆十四年進士，任翰林院編修、春坊右庶子等职。他是"公安派"文学的发起者和领袖之一，主张文章自要发挥性灵，研究古文不可全模仿拘泥，而是要"学其意，不必泥其字句也"。与弟宏道、中道并称"公安三袁"，著有《白苏斋集》等。

题解

袁宗道在文学上反对模拟复古，注重学习前人"古文贵达"的精神，先后发表《论文》上下两篇，在中国文学史上起过重要的作用。这两篇论文批驳前后"七子"违反文学发展规律，主张作家应"从学生理，从理生文"。

请阅读以下短文，然后回答问题。

袁宗道《论文》节录

或曰：信如子言，古不必学耶？余曰：古文贵达，学达即所谓学古也。学其意，不必泥[1]其字句也。今之圆领方袍，所以学古人之缀叶蔽皮也；今之五味煎熬，所以学古人之茹毛饮血[2]也。何也？古人之意，期于饱口腹，蔽形体；今人之意，亦期于饱口腹，蔽形体，未尝异也。彼摘古字句入己著作者，是无异缀皮叶于衣袂之中，投毛血于肴核之内也。大抵古人之文，专期于达，而今人之文，专期于不达。以不达学达，是可谓学古者乎？

> **词语**
>
> 1　泥 (nì)：固执。
> 2　茹毛饮血 (rú máo yǐn xuè)：茹：吃。指原始人不懂得用火，捕到禽兽就连毛带血生吃。

导读问题

1　作者一开始指古文的可贵之处是什么？

_____

2　作者认为学习古文最重要的是什么？

_____

3　句中"信如**子**言"的"**子**"是指什么？

☐ **A** 他　　　☐ **B** 你　　　☐ **C** 儿子　　　☐ **D** 男子

4　作者举了哪两个例子来证明人们在不断的进步？请用自己的话回答。

_____

5　这句话是出自谁的口中：

a　或曰："信如子言，古不必学耶？"出自

b　余曰："古文贵达，学达即所谓学古也。"出自

_____

6　解释下列画线词语：

a　今之圆领方**袍**

_____

b　所以学古人之缀叶**蔽**皮也

_____

c　**专**期于达

_____

7 "大抵古人之文，专期于达，而今人之文，专期于不达。"试根据这句话比较古人与今人的为文目的。

_____

_____

8 请将下列句子翻译成现代汉语。

a 未尝异也。

_____

b 以不达学达，是可谓学古者乎？

_____

文化

公安派

　　公安派为中国明末文学流派。代表人物是公安三袁：袁宗道、袁宏道、袁中道三兄弟，其中袁宏道声誉最高，成就最大，其次是袁中道，袁宗道又次之。因三袁籍贯在湖北公安，故称公安派。该派主张文章不可尽复古，也就是反对前后七子如王世贞、李攀龙等人之拟古、复古说法，主张是"学其意，不必拘泥字句"。另外，该派亦主张"独抒性灵，不拘格套"，文学贵独创，所作清新清俊、自然率真、情趣盎然，但多局限于抒写闲情逸致。

四、写作

作文字数在 400 到 600 之间

1 议论与讨论
   a "学校是社会的缩影"。你同意这句话吗？写一篇博客赞同或者反对这个观点。
   b 有人说："在家学习可以照顾不同的学习需要。"你同意吗？请说一说自己的意见。

2 描述与叙述
   a 描写：印象最深刻的"心灵鸡汤"
   b 叙述：我最喜欢的一节道德教育课

_____

_____

单元六
诸子百家

一、阅读以下的文字，辨认说明手法。

A 定义说明 **B** 引用说明 **C** 比较说明 **D** 比喻说明

1 高兴，这是一种具体的被看得到摸得着的事物所唤起的情绪。它是心理的，更是生理的。它容易来也容易去，谁也不应该对它视而不见失之交臂，谁也不应该总是做那些使自己不高兴也使旁人不高兴的事。（王蒙《喜悦》） □

2 所谓"无事以当贵"，是指人不要把功名利禄，荣辱过失考虑得太多，如能在情志上潇洒大度，随遇而安，无事以求，这比富贵更能使人终其天年。（蒲昭和《赠你四味长寿药》） □

3 台湾岛形状狭长，从东到西，最宽处只有一百四十多公里；由南至北，最长的地方约有三百九十多公里地形像一个纺织用的梭子。（《中国的宝岛—台湾》） □

4 欢欣，这是一种青春的，诗意的情感。它来自面向着未来伸开双臂奔跑的冲力，它来自一种轻松而又神秘，朦胧而又隐秘的激动，它是激情即将到来的预兆，它又是大雨过后的比下雨还要美妙得多也久远得多的回味……（王蒙《喜悦》） □

二、阅读以下的文字，回答问题。

人的天性大致是差不多的，但是在习惯方面却各不相同，习惯是慢慢养成的，在幼小的时候最容易养成，一旦养成之后，要想改变过来却还很不容易。清晨早起是一个好习惯，这也要从小时候养成。很多人从小就贪睡懒觉，一遇假日便要睡到日上三竿还高卧不起，平时也是不肯早起，往往蓬首垢面的就往学校跑，结果还是迟到，这样的人长大了之后也常是不知振作，多半不能有什么成就。祖逖闻鸡起舞，刘琨枕戈待旦，那才是志士奋励的榜样。

节录自梁实秋《养成好习惯》

1 选段的论点是什么？

_____

2 文章用了一个事例支持自己的论点，用自己的文字加以说明。

_____

3 作者用了一个反面的例子说理，用自己的文字加以说明。

_____

_____

4 a 作者用了哪两个史例说理？

_____

b 试评论作者运用这两个例子是否合适。

_____

_____

三、照例子，做搭配。

A 现在社会的老师跟古代中国老师的角色很不一样，正所谓……

B 杨教授的丈夫沉醉于学术研究，他又要搞研究，又要教学，常常弄得 _____。

C 读书应融会贯通， _____，没有什么用处。

D 老师常劝我们多读书，多读书的人无论在言行举止上都很不一样，黄庭坚说过……

E 你年纪虽然比他大，但是向老师请教不是看年龄的。韩愈说过……

F 没有人说过学生不能比老师聪明，在古代中国……

1 废寝忘食

2 一日不读书，言语无味；二日不读书，则面目可憎

3 师者，所以传道、受业、解惑

4 闻道有先后，术业有专攻

5 白首穷经

6 不求甚解

7 孔子师郯子、苌弘、师襄、老聃。郯子之徒，其贤不如孔子。

8 天才是百分之一的灵感，百分之九十九的汗水。

四、综合分析

阅读以下节录文字，回答问题。

1   有人认为逆境出人才，抱怨生活太平淡，环境太舒适，缺乏促使自己前进的动力；也有人认为顺境出人才，感叹自己生不逢时。在他们看来，客观条件对成才起着决定的作用。

2   逆境可以磨练人的意志，使强者更强，然而它也能摧毁弱者的精神意志，使之更加萎靡不振。如果说身处逆境能成才的话，那么所有的残疾者都应首先成为人才。显然，那种认为只有逆境才是通向成才捷径的看法是错误的。

3   既然逆境不一定造就人才，那么顺境是通向成功的一座金桥吗？诚然，优越的条件能为我们创造更多成才的机会，良好的环境也必将对一个人的成长产生不可忽视的影响。但是，这绝不意味着只要身处顺境便能成才。那些意志薄弱者，沉溺于优越的环境中，得过且过，不思进取，最终必然是一事无成。

4   逆境、顺境都不是成才的必要条件。逆境中的强者，自强不息，凭着坚忍不拔的意志战胜一切困难；顺境中的佼佼者，成功之路上也无一不洒满了辛勤的汗水，留下了勤奋钻研、苦练的足迹。看看张海迪屋中成堆的书，看看陈景润脚下成摞的草稿纸，再看看运动员脸上成串的汗水。环境的好坏不能左右人的命运，成才的惟一诀窍在于自己努力的程度。正如爱迪生所说："成功等于百分之一的灵感加上百分之九十九的汗水"，又爱因斯坦所说："成功等于艰苦劳动，加正确方法，加少说空话"。不管附加条件是什么，最主要的都是主观努力。

节录自佚名《逆境和顺境》

文章的主论点	1
第 2 段的分论点	2
第 3 段的分论点	3
第 4 段的分论点	4
第 4 段作者列举的事例	5
	6

一、阅读理解

阿城《孩子王》节录

1　　　老陈走到一间草房门前，站下，说："进去吧。"我见房里很黑，只有门口可见几个学生在望着我，便觉得如同上刑，又忽然想起来，问："教到第几课了？"老陈想一想，说："刚开学，大约是第一课吧。"这时房里隐隐有些闹，老陈便进去，大声说："今天，由新老师给你们——不要闹，听见没有？闹是没有好下场的！今天，由新老师给你们上课，大家要注意听！"说着就走出来。我体会该我进去了，便一咬牙，一脚迈进去。

2　　　我走到黑板前的桌子后面，放下教具，慢慢抬起头，看学生们。山野里很难有这种景象，这样多的蓬头垢面的娃子如分吃什么般聚坐在一起。桌椅是极简陋的，无漆，却又脏得露不出本色。椅是极长的矮凳，整棵树劈成，被屁股们蹭得如同敷蜡。数十只眼睛亮亮地瞪着。前排的娃子极小，似乎不是上初三的年龄；后排的却已长出胡须，且有喉节。

3　　　我定下心，清一清喉咙，说："嗯。开始上课。你们已经学到第几课了呢？"话一出口，心里虚了一下，觉得不是老师问的话。学生们却不理会，纷纷叫着："第一课！第一课！该第二课了。"我拿起沉甸甸的课本，翻到第二课，说："大家打开第四页。"却听不到学生们翻书的声音，抬头看时，学生们都望着我，不动。我说："翻到第四页。"学生们仍无反应。我有些不满，便指了最近的一个学生问："书呢？拿出来，翻到第四页。"这个学生仰了头问我："什么书？没得书。"学生们乱乱地吵起来，说没有书。我扫看着，果然都没有书，于是生气了，啪地将课本扔在讲台上，说："没有书？上学来，不带书，上的哪样学？谁是班长？"于是立起一个瘦瘦的小姑娘，头发黄黄的，有些害怕地说："没有书。每次上课，都是李老师把课文抄在黑板上，教多少，抄多少，我们抄在本上。"我呆了，想一想，说："学校不发书吗？"班长说："没有。"我一下乱了，说："哈！做官没有印，读书不发书。读书的事情，是闹着玩儿的？我上学的时候，开学第一件事，便是领书本，新新的，包上皮，每天背来，上什么课，拿出什么书。好，我去和学校说，这是什么事！"说着就走出草房；背后一下乱起来，我返身回去，说："不要闹！"就又折身去找老陈。

4　　老陈正在仔细地看作业，见我进来，说："还要什么？"我沉一沉气："我倒没忘什么，可学校忘了给学生发书了。"老陈笑起来，说："呀，忘了，忘了说给你。书是没有的。咱们地方小，订了书，到县里去领，常常就没有了，说是印不出来，不够分。别的年级来了几本，学生们伙着用，大部分还是要抄的。这里和大城市不一样呢。"回到教室，学生们一下静下来，都望着我。我拿起课本，说："抄吧。"学生们纷纷拿出各式各样的本子，翻好，各种姿势坐着，握着笔，等着。

导读问题

1　作者进教室以后，看见什么景象？

_____

_____

2　怎样看出班上的学生差异极大？

_____

_____

3　老师为什么听不到学生们翻书的声音？

_____

_____

4　为什么作者听到学生说没有书本，一下就乱了？

_____

_____

5　作者把书本比作"官印"，你认为恰当吗？请从文中找出例子说明。

_____

_____

6 当老师打算去和学校谈书本一事时，为什么背后的学生一下子乱起来？

_____

_____

7 怎样看出这里的孩子都热爱学习？

_____

_____

8 a "闹是没有好下场的"（第 1 段），结合上下文，说说"下场"是什么意思。

_____

_____

b 请根据文章，解释下面句子的意思，并结合上下文说说作者想要表现什么。

i "我体会该我进去了，便一咬牙，一脚迈进去。"（第 1 段）

_____

_____

ii "话一出口，心里虚了一下，觉得不是老师问的话。"（第 2 段）

_____

_____

二、指导写作

仔细阅读短文一和短文二，然后回答问题。

短文一

儒家提出以"仁"作为最高道德准则及个人修养的标准。主张爱有差别，认为有亲疏先后之别。只有贵贱、尊卑、长幼、亲疏各有其礼，才能达到儒家心目中君君、臣臣、父父、子子的理想社会。国家的治乱，取决于等级秩序的稳定与否。儒家主张以道德去感化教育人，以礼来约束人的行为。无论人性善恶，都可以用道德去感化教育人。儒家主张有教无类，教学的方法是"因材施教"。儒家十分重视音乐教育的社会教化作用，他希望通过艺术的教化来逐步改变政治面貌和社会风气。儒家传统规定，先人过世，子女须要守孝三年，而且主张厚葬先人。儒家的天道观言"天志"，孔子承认天有意志，提出"获罪于天，无所祷也"，然孔子却重人生实际问题，对天则始终保持一存而不论态度，至于鬼神之说，孔子尤避而不谈，故曰："敬鬼神而远之""未知生、焉知死"、"未能事人，焉能事鬼"。儒家承认天命，持"死生有命"、"尽人事听天命"之人生态度。

短文二

墨家的社会伦理思想以"兼爱"为核心，提倡博爱，爱无等差，提出"兼相爱，交相利"，并以尚贤、尚同作为治国方法，主张不分贵贱，唯才是举。墨子提出非攻，但未拒斥所有类型的战争，他赞成防御型的战争，即"救守"。他所"非"之"攻"乃是"不义之战"，也就是国君为其私欲、野心罔顾百姓之"利"所发动的争战，体现了当时人民反对掠夺战争的意向。在政治上，墨家主张改善劳动者和小生产者的社会地位和经济地位。为了摆脱划分等级的礼乐束缚，主张非乐，废除繁琐奢靡的编钟制造和演奏。此外，提倡节葬及节用，不主张把社会财富浪费在死人身上及反对奢侈享乐生活。在墨子看来连活着的人都要节俭，更何况死人呢？他认为厚葬会导致"国贫"、"民穷"，实不利于国家的富强安定。墨家肯定"天志"，故要求人之行事，要合乎天意，否则必招祸谴。墨家否定宿命、主非命之说，提出"强力而为"，相信"强必治，不强必乱。"最后，主张明鬼，承认鬼神的存在。

指导写作：250–350 字

学校打算举办"诸子百家日"以推广中国文化，你是活动的策划人之一，中文老师请你为校刊写一篇文章介绍诸子百家的学说及其对现代社会的积极意义。

在你写的文章中应当涵盖以下范围：

1　综合儒墨两家学说的相同之处
2　比较儒墨两家学说的分别
3　论述儒墨两家学说中有哪些内容可为今天的社会带来积极的意义

三、文言文

作者

　　王守仁（1472-1529），幼名云，字伯安，别号阳明。浙江绍兴府余姚县（今属宁波余姚）人，因曾筑室于会稽山阳明洞，自号阳明子，学者称之为阳明先生，亦称王阳明。明代著名的思想家、文学家、哲学家和军事家，陆王心学之集大成者，精通儒家、道家、佛家，与孔子（儒学创始人）、孟子（儒学集大成者）、朱熹（理学集大成者）并称为孔、孟、朱、王。著有《王文成公全书》。

题解

　　武宗正德元年，王守仁三十七岁，以上书救戴铣等，忤宦官刘谨，廷杖几死，被贬为贵州龙场驿丞。当时龙场犹穷荒不文，守仁日与诸生讲学不辍，书写此教条以为训示。

试阅读以下短文，然后回答问题。

王守仁《教条示龙场诸生》节录
勤学

已立志为君子，自当从事于学。凡学之不勤，必其志之尚未笃[1]也。从吾游者，不以聪慧警捷为高，而以勤确谦抑为上。诸生试观侪辈之中，苟有"虚而为盈，无而为有"，讳己之不能，忌人之有善，自矜自是，大言欺人者，使其人**资禀**[2]虽甚超迈，侪辈之中有弗疾恶之者乎？有弗鄙贱之者乎？彼固将以欺人，人果遂为所欺，有弗窃笑之者乎？苟有谦默自持，无能自处，笃志力行，勤学好问；称人之善，而咎己之失；从人之长，而明己之短，忠信乐易，表里一致者，使其人资禀虽甚鲁钝，侪辈之中，有弗称慕之者乎？彼固以无能自处，而不求上人，人果遂以彼为无能，有弗敬尚之者乎？诸生观此，亦可以知所从事于学矣。

词语

1 笃 (dǔ)：坚定。
2 资禀 (zī bǐng)：天赋。

导读问题

1 作者一开始指出哪些人应当从事于学问？

_____

2 什么原因导致人们不能勤奋求学？

_____

3 作者较为欣赏哪一类学生？

_____

4 解释下列画线词语：

a 而以勤确谦**抑**为上

_____

b 诸生试观**侪**辈之中

_____

c **苟**有"虚而为盈，无而为有"

_____

5 作者认为要怎样做才能得到别人的称赞与美慕？请用自己的话列出三点。

_____

_____

6 "彼固以无能自处，而不求上人，人果遂以彼为无能"中的"彼"是指什么？

A 汝　　**B** 尔　　**C** 余　　**D** 夫

7 请将下列句子翻译成现代汉语："诸生观此，亦可以知所从事于学矣。"

_____

8 指出"彼固将以欺人，人果遂为所欺"一句的修辞技巧？

文化

心学

　　中国的心学一般认为推本于孟子、滥觞于程颢、发扬于陆九渊，由王阳明集其大成，故称"陆王心学"。陆王心学与程朱理学虽有时同属宋明理学之下，但多有分歧，陆解说宇宙二字为："宇宙内事乃己分内事；己分内事乃宇宙内事。"陆主张"吾心即是宇宙"，又倡"心即理"说。陆王心学往往被认为是儒学中的"格心派"，而程朱理学为"格物派"。

四、写作

作文字数在 400 到 600 之间

1 描述与叙述

　　a 描述：以"己所不欲，勿施于人"作结，写作一篇文章。

　　b 叙述：三人行，必有我师焉，择其善者而从之，其不善者而改之。

2 议论与论述

　　a "学而不思则罔，思而不学则殆"你同意吗？请说一说自己的意见。

b 有人说年轻人应该学习"言必信，行必果"，请给一本青年杂志
写一篇文章，赞同或者反对这种说法。

_____

_____

_____

_____

_____

_____

_____

_____

_____

_____

_____

_____

单元七
快乐泉源

一、 试辨识 A 延伸作结、B 以景结情，把正确的字母写在方格内。

1 "琵琶起舞換新聲，總是關山舊別情。撩亂邊愁聽不盡，高高
秋月照長城。"（王昌齡《從軍行》）☐

2 当我成为植物学家后，爸爸以为这是他拳头惩罚的功劳。他的
口头禅是："猪羊怕杀，人怕打！"其实，他的拳头只能伤及
我的皮肉，真正征服我的，是那三颗启示生命意义的枸杞豆。
（程海《三颗枸杞豆》）☐

3 阿祖回不来了。
阿祖女人默默流泪。没有人说话。……
我望望码头，萤火虫在闪烁，水妖也提了水灯在嬉戏吗？
（潘雨桐《大地浮雕》）☐

4 十年生死两茫茫，不思量，自难忘。千里孤坟，无处话凄凉。
纵使相逢应不识，尘满面，鬓如霜。
夜来幽梦忽还乡，小轩窗，正梳妆。相顾无言，惟有泪千行。
料得年年肠断处，明月夜，短松冈。
（苏轼《江城子》）☐

5 童年旧事，历历在目，而今早已年过而立，自然不再是涎着脸
要求母亲摺纸船的年纪。只盼望自己能以母亲的心情，为子女
摺出一艘艘未必漂亮但却坚强的、禁得住风雨的船，如此，便
不致愧对纸船了。（洪醒夫《纸船印象》）☐

二、 试辨识以下的修辞技巧，并把正确的字母写在方格内。

A 夸张　B 顶真　C 层递　D 引用

1 夜晚，我漫步在银行、公司、商店、事务所密集的街头。
高楼耸立夜空，像陡峻的山峰；墙壁是透明的玻璃，好像
水晶宫。（丁玲《曼克顿街头夜景》）☐

2 在我国诗歌史上，"首倡高雅冲澹之音，一扫六代之纤弱"的
   唐代诗人陈子昂，早年没有用心读书，以至"年十八未知书"
   ——都十八岁了，在常识上还一无所知，这还来得及？来得
   及。（沈文《晚了，但还来得及》） ☐

3 即开即谢，谢了再开。（余光中《吐露港上》） ☐

4 我也知道补过的方法的：送他风筝，赞成他放，劝他放，
   我和他一起放；我们嚷着，跑着，笑着。（鲁迅《风筝》） ☐

5 像尖尖的针刺，刺在脸上，刺到人的耳朵去。
   （也斯《在风中》） ☐

6 中国妇女崇尚白皙皮肤，广东俗语云："一白遮三丑"，以往
   女子用鹅蛋型干粉涂白脸孔。（司徒嫣然《潮流望后镜》） ☐

7 一群群孩子在雪地里堆雪人，掷雪球。那欢乐的叫喊声，把
   树枝上的雪都震落下来了。（峻青《第一场雪》） ☐

8 蒸闷的暑天，风重重地把天压低了一半，树梢头的小叶子都
   沉沉垂着，风一丝不动，可是何曾平静呢？（杨绛《风》） ☐

三、试在横线上填上适当的字。

1	一字千____	石良____	____之凿	____壁偷光
2	两肋插____	光剑____	形不____	____乡背井
3	三顾草____	山真面____	光如____	____蔻年华
4	四通八____	者为____	见之____	____知故问
5	五花八____	第之____	异思____	____怒于人
6	六神无____	次不____	工合____	____育英才
7	七窍生____	消云____	兵游____	____往直前
8	八拜之____	头接____	濡目____	____风习俗

四、以下是鲁迅《孔乙己》的选段，仔细阅读文字，分析作者怎么运用肖像描写，表现人物特征的。

例子：

作者写孔乙己的那件长衫"又脏又破，似乎十多年没有补，也没有洗"，带出孔乙己穷酸潦倒的形象。

小提示

　　肖像描写把人物面貌特征描写出来，如人物的身材、容貌、服饰、打扮及神情等，从而带出人物的内心思想或个性。

　　我从十二岁起，便在镇口的咸亨酒店里当伙计。孔乙己是站着喝酒而穿长衫的唯一的人。他身材很高大；青白脸色，皱纹间时常夹些伤痕；一部乱蓬蓬的花白的胡子。穿的虽然是长衫，可是又脏又破，似乎十多年没有补，也没有洗。他对人说话，总是满口之乎者也，教人半懂不懂的。因为他姓孔，别人便从描红纸上的"上大人孔乙己"这半懂不懂的话里，替他取下一个绰号，叫作孔乙己。孔乙己一到店，所有喝酒的人便都看着他笑，有人故意的高声嚷道，"你一定又偷了人家的东西了！"孔乙己睁大眼睛说，"你怎么这样凭空污人清白……""什么清白？我前天亲眼见你偷了何家的书，吊着打。"孔乙己便涨红了脸，额上的青筋条条绽出，争辩道，"窃书不能算偷……窃书！……读书人的事，能算偷么？"接连便是难懂的话，什么"君子固穷"，什么"者乎"之类，引得众人都哄笑起来：店内外充满了快活的空气。

挑战题

1　什么是"短衣帮"和"长衫客"？
2　为什么作者特别带出孔乙己是穿长衫的，但只能跟短衣帮一起喝酒？

一、阅读理解

毕淑敏《提醒幸福》

1　　我们从小就习惯了在提醒中过日子。天气刚有一丝风吹草动，妈妈就说，别忘了多穿衣服。才相识了一个朋友，爸爸就说，小心他是个骗子。你取得了一点成功，还没容得乐出声来，所有关切着你的人一起说，别骄傲！

2　　人生总是有灾难。我们太多注重了自己警觉苦难，我们太忽视提醒幸福。请从此注意幸福！幸福也需要提醒吗？先哲们提醒了我们一万零一次，却不提醒我们幸福。

3　　也许他们认为幸福不提醒也跑不了的。也许他们以为好的东西你自会珍惜，犯不上谆谆告诫。也许他们太崇尚血与火，觉得幸福无足挂齿。他们总是站在危崖上，指点我们逃离未来的苦难。但避去苦难之后的时间是什么？

4　　那就是幸福啊！

5　　享受幸福是需要学习的，当幸福即将来临的时刻需要提醒。人可以自然而然地学会感官的享乐，人却无法天生地掌握幸福的韵律。灵魂的快意同器官的舒适像一对孪生兄弟，时而相傍相依，时而南辕北辙。幸福是一种心灵的振颤。它像会倾听音乐的耳朵一样，需要不断地训练。简言之，幸福就是没有痛苦的时刻。它出现的频率并不像我们想象的那样少。人们常常只是在幸福的金马车已经驶过去很远，捡起地上的金鬃毛说，原来我见过它。人们喜爱回味幸福的标本，却忽略幸福披着露水散发清香的时刻。那时候我们往往步履匆匆，瞻前顾后不知在忙着什么。世上有预报台风的，有预报蝗虫的，有预报瘟疫的，有预报地震的。没有人预报幸福。其实幸福和世界万物一样，有它的征兆。

6　　幸福常常是朦胧的，很有节制地向我们喷洒甘霖。你不要总希冀轰轰烈烈的幸福，它多半只是悄悄地扑面而来。你也不要企图把水龙头拧得更大，使幸福很快地流失。而需静静地以平和之心，体验幸福的真谛。幸福绝大多数是朴素的。它不会像信号弹似的，在很高的天际闪烁红色的光芒。它披着本色外衣，亲切温暖地包裹起我们。幸福不喜欢喧嚣浮华，常常在暗淡中降临。贫困中相濡以沫的一块糕饼，患难中心心相印的一个眼神，父亲一次粗糙的抚摸，女友一个温馨的字条……这都是千金难买的幸福啊。像一粒粒缀在旧绸子上的红宝石，在凄凉中愈发熠熠夺目。

7　　它们都酷似幸福，但它们并不等同于幸福。幸福会借了它们的衣裙，袅袅婷婷而来，走得近了，揭去帷幔，才发觉它有钢铁般的内核。幸福有时会很短暂，不像苦难似的笼罩天空。如果把人生的苦难和幸福分置天平两端，苦难体积庞大，幸福可能只是一块小小的矿石。但指针一定要向幸福这一侧倾斜，因为它有生命的黄金。

8　　我们要提高对于幸福的警惕，当它到来的时刻，激情地享受每一分钟。幸福的时候，我们要对自己说，请记住这一刻，幸福就会长久地伴随我们。那我们岂不是拥有了更多的幸福！

9　　幸福并不与财富地位声望婚姻同步。这只是你心灵的感觉。

10　　所以，当我们一无所有的时候，我们也能够说：我很幸福。因为我们还有健康的身体。当我们不再享有健康的时候，那些最勇敢的人可以依然微笑着说：我很幸福。因为我还有一颗健康的心。甚至当我们连心也不再存在的时候，那些人类最优秀的分子仍旧可以对宇宙大声说：我很幸福。因为我曾经生活过。

11　　常常提醒自己注意幸福，就像在寒冷的日子里经常看看太阳，心就不知不觉暖洋洋亮光光。

91

导读问题

1 第 1 段写的与幸福没有关系，可否把它删掉？

_____

_____

2 从文章中找出作者对"幸福"的定义。

_____

_____

3 找出第 5 段的论点。

_____

_____

4 在第 5 段中，作者写"金马车"和"金鬃毛"。两者分别比喻什么？

_____

_____

5 　为什么作者用不同的天灾来指出"预报幸福"很重要?

_____

_____

6 　a 　作者为什么说"它披着本色外衣，亲切温暖地包裹起我们"?

_____

_____

　　b 　举出两个文章的例子。

_____

_____

7 　"请记住这一刻，幸福就会长久地伴随我们"是什么意思?

_____

_____

8 　作者如何在第 10 段运用层递法?

_____

_____

二、指导写作

仔细阅读短文一和短文二，然后回答问题。

短文一

　　央视在晚间新闻呼吁中国代表团放弃"唯金牌论"，享受"竞技体育之美"。从 1984 年的洛杉矶奥运会，到 2008 年的北京奥运会，24 年的光阴，从许海峰实现金牌零的突破，到张小平夺得男子拳击轻量级冠军，7 届奥运会中国体育代表团共夺得 163 枚金牌。特别是在北京奥运会上，拥有天时地利人和的中国体育健儿勇夺 51 金，首次称雄金牌榜。四年弹指一挥间，中国奥运代表团在伦敦奥运会上能有什么样的表现呢? 有权威数据显示，中国代表团难以复制北京的奇迹。对于这样的情况，央视也是呼吁放弃"唯金牌论"，享受"竞技体育之美"。不管是大胆的预测，还是理性的计算，我们更关注中国体育健儿能否在奥运会上展示他们的实力和精神风貌，我们更欣赏竞技体育之美。

hk.crntt.com

短文二

> 四年一度世界体育大考，对中国人来说，总有一股化解不开的金牌情结。金牌，似乎早已成为衡量中国体育成功与否的一杆标尺。在经历了 2008 年 51 金高居金牌的辉煌后，我们还需要如此关注金牌吗？奥运金牌在你的心中有多重？
>
> 曾经，我们很需要奥运金牌。奥运会上的胜利振奋过民族豪气和精神。但时至今日，中国竞技体育的角色和定位正在悄然发生着变化。
>
> 有人指出："目前，中国有 1.6 亿人患高血压、1.6 亿人患高血脂，有 2 亿人超重或肥胖；城市里，每 5 个孩子就有 1 个小胖墩儿，高中生里 85% 以上的学生是小四眼儿，人均体育设施在世界上排百名开外，中国人的体质正在明显滑坡。我们应该立刻转型和转轨，把重视竞技体育转变成重视全民健身，淡化金牌，强化国人体质和健康，提倡大体育和大健康的概念，让体育理念真正回归。"这得到了绝大部分网友的支持。
>
> 过去 20 年的"唯金牌论"，甚至有"千银不如一金"的说法，是不需要的。我们应该重新树立对奥运金牌的价值观，尤其需要改变的是"金牌总数重于一切"的价值观。
>
> m.sohu.com

指导写作：250-350 字

你的体育老师最近和你们在课堂上讨论了放弃"唯金牌论"的现象。讨论后同学都觉得这个话题很有意思，同学们请你在校报中写一篇文章，说一说这个现象。

在你写的文章中应当涵盖以下范围：

1 描述中国以往拿金牌的佳绩
2 解释最近放弃"唯金牌论"的原因
3 评论中国未来应对体育采取什么看法与态度

_____

_____

_____

_____

_____

_____

_____

_____

_____

_____

_____

_____

_____

_____

_____

三、文言文

袁宏道《徐文长传》节录

　　文长为**山阴**[1]秀才，大试辄不利，豪荡不羁。总督胡梅林公知之，聘为幕客。文长与胡公约："若欲客某者，当具宾礼，非时辄得出入。"胡公皆许之。文长乃**葛衣乌巾**[2]，长揖就坐，纵谈天下事，旁若无人。胡公大喜。是时公督数边兵，威振东南，**介胄**[3]之士，膝语蛇行，不敢举头；而文长以部下一诸生傲之，信心而行，恣臆谈谑，了无忌惮。会得白鹿，属文长代作表。表上，永陵喜甚。公以是益重之，一切疏记，皆出其手。

　　文长自负才略，好奇计，谈兵多中。尝饮一酒楼，有数健儿亦饮其下，不肯留钱。文长密以数字驰公，公立命缚健儿至庵下，皆斩之，一军**股栗**[4]。有**沙门**[5]**负资而秽**[6]，酒间偶言于公，公后以他事杖杀之。

词语

1　山阴 (Shān yīn)：山阴为现在山西省朔州市辖县，位于山西省北部。
2　葛衣乌巾 (gé yī wū jīn)：身着布衣，头戴黑巾。此为布衣装束。
3　介胄 (jiè zhòu)：介胄即坚固的头盔。这里指士兵。
4　股栗 (gǔ lì)：指因紧张、害怕而两腿发抖。
5　沙门 (shā mén)：和尚。
6　负资而秽 (fù zī ér huì)：负资：依仗有钱财；秽：丑行，行为不轨。

导读问题

1 文章中出现的"之"均为人称代词，指的分别是什么？

a 总督胡梅林公知之

_____

b 皆斩之

_____

2 解释下列画线词语：

a 文长与胡公**约**

_____

b 胡公皆**许**之

_____

c **尝**饮一酒楼

_____

3 文章中多次出现"辄"一字，意思为_____。

4 用现代汉语翻译"公以是益重之"。

_____

5 从哪一件事可以看见胡公重用徐文长？请用自己的文字回答。

_____

6 a 哪一句写军士都很怕胡公？并请用自己的文字翻译。

_____

b 描写这一个片段的目的是什么？

_____

7 以下哪一个词语不适合形容徐文长的性格？

☐ **A** 贪婪无道 ☐ **B** 性格豪爽

☐ **C** 正直不阿 ☐ **D** 机智多谋

四、写作

作文字数在 400 到 600 之间

1 描述与叙述

   a 描述：描写春天生机蓬勃的景象

   b 叙述："那天听了他的一席话后，我茅塞顿开，再不苦恼了。"
用这句话开头写一篇记叙文。

2 议论与论述

   a "苦乐全在主观的心，不在客观的事"。你同意吗？请说一说自己的意见。

   b "谣言止于智者"你同意这句话吗？写一篇博客赞成或者反对这个观点。

单元八
生活小百科

一、试辨识详写和略写的艺术手法，并完成下表。

彼特．汉米尔 (Pete Hamill)《回家》节录

1　　三个男孩和三个女孩一起搭上前往佛罗里达州的长途巴士。当巴士通过新泽西州时，他们开始注意到文哥。他坐在他们前面，一直未曾移动身体，穿着一套简单但不合身的衣服，历尽沧桑的面孔把他的实际年龄掩盖了。他闭着嘴唇，把自己紧密地包藏在冻结的沈默当中。

2　　抵达华盛顿郊外时，已经进入深夜了。巴士开进休息站。除了文哥之外，大家都下车。他好像是根钉钉在椅子上。于是，我们这群青年人就开始对他感到好奇，当乘客都回到巴士后，我们其中一位女孩就在他旁边坐下，并且自我介绍了。

3　　早晨他们在另一休息站，这次文哥下车了。女孩们很热诚坚持要他加入他们。看来他非常害羞，他很紧张地抽烟，喝着黑咖啡。过一会儿之后，他慢慢地，痛苦地，讲他的故事。他过去的四年都呆在纽约监狱里，现在他要回家了。

4　　"您结婚了吗？""我不知道！"。"您不知道？"她讶异地问说。"哈，说来话长。当我刚开始进入监狱时，我曾写了一封信给妻子"，他说："我告诉她，我可能会在牢里呆一段很长的时间。若她不能忍受，或者孩子问太多问题，让她创伤很深的话，请她把我遗忘好了，我会了解的。她可以另外找个新伴侣。对我来说，她是一位非常棒的女人，真是很了不起的女人。但若她选择忘记我，我会了解的。我信上这样告诉她，也告诉她不必写信回我。三年半以来，她一直都没有写。"

5　　"而您现在正要回家，还不知道？""呀！"，他很腼腆地回说"嗯，上星期，当我确定假释获准后，我曾再写给她一封信。我们以前住在布朗斯维克镇，就在杰克逊维尔市附近。要进入这乡镇前，有一个大橡树。我告诉她，如果她还会接受我，她可以在大橡树上绑一条黄色手帕，那我看到就会下车回家。如果她不想要我，那就算了，我看不见手帕，我就继续我的旅程。"

6　　女孩讶异得喊出"哇！"。她告诉了其他的同伴，大家都很快地被这气氛感染。现在离开布朗斯维克还大约20英里，他们

开始挤上右边的靠窗座位，等着看那伟大的橡树。不知觉中，巴士内有一种黑暗得令人窒息的沈静，好似充满了失去许久岁月的沈默。文哥不再看窗外了，却崩紧他的脸孔，戴上一副出狱人冷缩的面罩，就像准备自己面对着被再次严酷失望打击所作的防卫。逐渐地，离开布朗斯维克已经剩下是十英里，然后五。紧张的气息让人可以听到心脏怦怦跳的声……

7　　　突然，除了文哥之外，所有青年人从他们的座位跳起来，尖叫，呼喊，哭泣，手足舞蹈。文哥还是很安静坐着，但脸上却饱受震惊，他看到橡树了。用 20 条黄色手帕覆盖着，可能 30 条吧，甚至可能上百，整棵橡树，就有如一幅黄色大布幔，欢迎的旗帜迎风飘扬……在大家欢呼的叫喊下，文哥很激动地，慢慢地站起来，眼角噙着泪珠，走往前方下车，回家了！

	情节	详写	略写	原因
1	在巴士上，中年男子和其他乘客的行为、表情。			
2	女乘客问他为何不开心。			
3	中年男子诉说不开心、心情沉重的原因。			
4	乘客听了他的故事后的反应。			

	情节	详写	略写	原因
5	巴士车窗外的情景。			
6	中年男子看到车窗外的情景后的反应。			

二、试辨识 A 引用俗语开头、B 事例开头法、C 设问开头法，把正确的字母写在方格内。

1 英国的柯里叶尔曾说："书籍是幼年人的导师，是老年人的护士，在沉寂的时候，书籍使我们欢娱，远离一切的痛苦。"（《比读书更重要的事》）☐

2 大家一定都听过"孟宗哭竹"的故事。三国时代有一个孝子名叫孟宗。有一年冬天，他母亲生病了，吃什么东西都没有胃口，只想吃新鲜的竹笋。但是冬天的笋还没有长成，孟宗就在竹林里痛哭，没想到这时竹笋突然长了出来，原来是他的孝心感动了天地。（《谈孝顺》）☐

3 人生什么事最苦呢？贫吗？不是。失意吗？不是。老吗？死吗？都不是。我说人生最苦的事，莫苦于身上背着一种未了的责任。（梁启超《最苦与最乐》）☐

4 我问你，你喜欢下雨吗？你会回答说："喜欢，下雨天富于诗意，叫人的心宁静。尤其是夏天，雨天里睡个长长的午觉该多舒服。"可是你也许会补充说："但别下得太久，像那种黄梅天，到处湿漉漉的，闷得叫人转不过气来。"（琦君《下雨天，真好》）☐

5 《五代史·冯道传》论曰：礼义廉耻，国之四维，四维不张，国乃灭亡。善乎，管生之能言也！礼义，治人之大法；廉耻，立人之大节；盖不廉则无所不取，不耻则无所不为。（顾炎武《廉耻》）☐

6 大家都听过这个故事吧！美国总统华盛顿在小的时候玩斧头，不小心砍倒了父亲种的樱桃树。(《谈诚实》) ☐

三、记叙文一般有一条线索，这线索往往是根据题材、中心思想和写作意图来确定的。用作线索的事物大致分为六类。试阅读以下节选片段，判断线索的类别。

> **A** 以"我"的所见所闻为线索。
> **B** 以人物或人物的特征为线索。
> **C** 以思想感情为线索。
> **D** 以具体事物或事物的特征为线索。
> **E** 以中心事件为线索。
> **F** 以时间推移或空间变换为线索。

	节选	线索种类
1	我就往仙台的医学专门学校去。从东京出发，不久便到一处驿站，写道：日暮里。不知怎地，我到现在还记得这名目。……仙台是一个市镇，并不大；冬天冷得利害；还没有中国的学生。……学年试验完毕之后，我便到东京玩了一夏天，秋初再回学校，成绩早已发表了，同学一百余人之中，我在中间，不过是没有落第。(鲁迅《藤野先生》)	
2	我的心不禁一颤：多可爱的小生灵啊！对人无所求，给人的却是极好的东西。蜜蜂是在酿蜜，又是在酿造生活；不是为自己，而是在为人类酿造最甜的生活。蜜蜂是渺小的；蜜蜂却又多么高尚啊！透过荔枝树林，我沉吟地望着远远的田野，那儿正有农民立在水田里，辛辛勤勤地分秧插秧。他们正用劳力建设自己的生活，实际也是在酿蜜——为自己，为别人，也为后世子孙酿造着生活的蜜。(杨朔《荔枝蜜》)	

节选	线索种类
3 父亲是一个胖子，走过去自然要费事些。我本来要去的，他不肯，只好让他去。我看见他戴着黑布小帽，穿着黑布大马褂，深青布棉袍，蹒跚地走到铁道边，慢慢探身下去，尚不大难。可是他穿过铁道，要爬上那边月台，就不容易了。他用两手攀着上面，两脚再向上缩；他肥胖的身子向左微倾，显出努力的样子。（朱自清《背影》）	
4 奥楚蔑洛夫把身子微微往左边一转，迈步往人群那边走过去。在木柴场门口，他看见上述那个敞开坎肩的人站在那儿，举起右手，伸出一根血淋淋的手指头给那群人看。他那张半醉的脸上露出这样的神情："我要揭你的皮，坏蛋！"而且那根手指头本身就象是一面胜利的旗帜。奥楚蔑洛夫认出这个人就是首饰匠赫留金。闹出这场乱子的祸首是一条白毛小猎狗，尖尖的脸，背上有一块黄斑，这时候坐在人群中央的地上，前腿劈开，浑身发抖。它那含泪的眼睛里流露出苦恼和恐惧。（契诃夫《变色龙》）	
5 自此以后，又长久没有看见孔乙己。到了年关，掌柜取下粉板说，"孔乙己还欠十九个钱呢！"到第二年的端午，又说"孔乙己还欠十九个钱呢！"到中秋可是没有说，再到年关也没有看见他。我到现在终于没有见——大约孔乙己的确死了。（鲁迅《孔乙己》）	
6 那是力争上游的一种树，笔直的干，笔直的枝。它的干呢，通常是丈把高，象是加以人工似的，一丈以内绝无旁枝。它所有的丫枝呢，一律向上，而且紧紧靠拢，也象是加以人工似的，成为一束，绝无横斜逸出。它的宽大的叶子也是片片向上，几乎没有斜生的，更不用说倒垂了；它的皮，光滑而有银色的晕圈，微微泛出淡青色。这是虽在北方的风雪的压迫下却保持着倔强挺立的一种树。哪怕只有碗来粗细罢，它却努力向上发展，高到丈许，二丈，参天耸立，不折不挠，对抗着西北风。这就是白杨树，西北极普通的一种树，然而决不是平凡的树！（茅盾《白杨礼赞》）	

四、试辨识A借物说理和B借事说理的写作技巧，并指出其说明的道理。

1 水陆草木之花，可爱者甚蕃。晋陶渊明独爱菊，自李唐来，世人甚爱牡丹。予独爱莲之出淤泥而不染，濯清涟而不妖；中通外直，不蔓不枝；香远益清，亭亭净植，可远观而不可亵玩焉。予谓：菊，花之隐逸者也；牡丹，花之富贵者也；莲，花之君子者也。噫！菊之爱，陶后鲜有闻。莲之爱，同予者何人？牡丹之爱，宜乎众矣！（周敦颐《爱莲说》） ☐

_____

_____

2 我这时突然感到一种异样的感觉，觉得他满身灰尘的后影，刹时高大了，而且愈走愈大，须仰视才见。而且他对于我，渐渐的又几乎变成一种威压，甚而至于要榨出皮袍下面藏着的"小"来。（鲁迅《一件小事》） ☐

_____

_____

3 看起来很软弱，矮矮地趴在地上，既不能当先迎接太阳，也不会在风里雨里表现英姿或者娇态。毛茸茸的暗淡叶子，平凡粗俗的黄花，一点儿也不能动人。可是它的生命力很强，韧性很大，不怕冷也不怕热，耐旱也耐涝，碰着冰雹，受害很轻。病虫害更少，连土地的肥瘦也不选择，总是一点儿一点儿地长，把它的种子散布到全世界，海滩也有，山坡也有。这种伟大的适应力，是许多娇嫩、高贵的植物赶不上的。（梁容若《落花生的性格》） ☐

_____

_____

4 能够欣赏钓，而不计较鱼，是会使一个人快乐，使一个团体健康，使一个社会成功的。美国有许多学者，在一个学校工作，一工作就是一生，真是数十年如一日，以宾大而论，今年就要养着一百零八个退休的老教授；这些教授服务于宾大，最少的已有四分之一世纪，长些的有服务四十年的了。并不是美国人的耐性特别长，实是他们在工作本身发现出无限的趣味，感觉自己沉醉于鸟语花香，和山清水媚。至于鱼竿之下是否有鱼，他们反而忘了。（陈之藩《钓胜于鱼》）☐

5 我们阅读许许多多艺术大师的传记，在某些地方，可以发现他们是有共同之处的。在学习、工作上，他们都注意广泛求师，在博采诸家之长以后，又别出心裁地发扬自己的独创性，并且锲而不舍地辛勤从事，在崇高思想的指引下，一步步创造出成绩来。就因为这种方式使人想起蜜蜂，蜜蜂——那金黄色的奇妙的小昆虫才获得人们那样多的赞美。（秦牧《蜜蜂的赞美》）☐

6 前几天，妹告诉我，母猫又生了三只，但其中一只却被它吃掉了，因为这只一生下来就有毛病。我吓了一跳，母猫何其残忍。其实，所有的小动物都是一样，在物竞天择、适者生存的自然界，强健的体魄是绝对必须的。因此，对于体弱的、有病的小动物，一出生就面临被淘汰的命运，一点也不奇怪。我在咋舌之余，不觉脱口而叹："好家伙，幸亏我不是猫，否则也老早被妈吃掉了。"这虽然只是一句玩笑话，但我想，人和动物不同的地方，是因为人除了肉体的生命之外，还有智慧，有思想，有灵魂。我们可以善用自己的头脑，贡献才能，发挥出人的价值。（杏林子《人与猫》）☐

第二部分

一、阅读理解

西西《碗》

1　我在街上遇见叶蓁蓁，她穿着一条那种许多人都穿的蓝色牛仔裤，一件红红绿绿小格子的棉布衬衫，头髮乱蓬蓬地，好像一堆稻草。上次踫见叶蓁蓁，是许多年前的事了吧，那时候，我还没有结婚，刚出来做事不久，她说她在教书。现在，我女儿法兰素花也已经七岁。算起来，我和叶蓁蓁怕有十年左右没有见面了。以前一起在学校里读书，每天见面，连星期日还一羣人回到学校去踢足球，也不知是谁发起的，女孩子为什麽不可以踢足球，就踢了起来。真是。如果今天晚上法兰素花告诉我她在学校里踢了足球，我可得想想办法。不过，法兰素花一定不会踢足球，她会很乖地学芭蕾舞。待会儿，我得到她芭蕾舞老师那里去接她，然后送她上杨姑娘那里去复琴，趁现在还有点时间，我必须到公司去看看还有没有那套绿釉粉彩芙蝶的餐具，下个星期请客，不能再拿旧的那套出来，虽然，那套兰花草米通青瓷极雅澹，但是有一隻汤碗不小心打碎了，配来配去，只找到一隻次货，碗底并不是端端正正的景德镇。一套墨绿色的粉彩芙蝶餐具应该适合春天，可以配那幅绣粉荷花的餐桌布，还有那套新的象牙筷子，要是露台上紫的白的玫瑰红的紫罗兰都开了花，才美丽哩。

2　从动植物公园下来，我想起我可以去买一隻碗，于是我到附近的地方去看看，杂货店里应该有，随便一隻粗碗就行。我本来有一隻碗，用了许多年，那碗又厚又重，样子很笨，但却乱碰乱撞也没打破。那一次，经过一个小地摊，不知如何忽然买了一条金鱼，一时间找不到有什麽玻璃缸这类器皿，就把金鱼放了在饭碗里。我不会养金鱼，给牠吃了很多虫，不久，金鱼就反转了，饭碗里浮着那条翻白肚皮的金鱼，还有一羣没给鱼吃掉的小虫在到处闯。我把金鱼扔掉，不敢再用那碗盛饭，因为我会一边吃饭一边想起那条翻白肚皮的金鱼。我把碗也扔掉了，这就是我所以想要买一隻碗的原因。当我去买碗的时候，我在街上遇见我中学时候的同学余美丽。

3　　　中学的那一辈同学，有一大半都下落不详了。我只知道咪咪在联合国当了个甚麽文书，她不错，懂五国语言。杜家姊妹一家全移民去了加拿大，韩仙子嫁了去夏威夷。叶蓁蓁，我只知道她一直教书，她和班上另外的七个同学，一毕业就考进了师范，回母校领毕业文凭时，林真华还穿了全套师范的校服上台鞠躬哩，头抬得老高，不过是师范罢了。圣诞节那次的晚宴上，大衞的同事柏德烈冯夫妇也在，玛格烈冯正是叶蓁蓁那间小学的校长，她说蓁蓁已经没有教书了，又说据她所知，她也没有再做别的工作。我想：一个人如果不工作是会成为社会的寄生虫的。现代的妇女是应该培养自己独立经济的能力的。一个人没有一份月入超过五千元港币薪酬的入息是没有安全感的。既然进入师范受过专业的师资训练而不把才能贡献给社会是辜负了社会的培养以及浪费纳税人的金钱的。不爱工作的人是懒惰的，是逃避责任的，是不爱社会、不爱人类、不合作、不合辈的，是自私的。

4　　　今天，我到动植物公园去看动植物。我缓缓地在园内散步，看喷水池四周栽满春日茂盛的花朵，玫瑰角落上有一连串奇异的名字：颜色盒子、和平、支加哥。猿猴的笼子里有一辈鹦鹉，其中有一头站在水管上，倒转了身体把嘴接到水龙头底下喝涓滴的流水。阳光延续地照在草地上，上午与下午之间并没有分界，我坐在公园椅上一面吃一个乾硬的麵包，一面看一本书，这一年内，我看了很多的书，比我以往许多年内看的要多，我想我是快乐的。四周的树都有它们自己的名字，有一片树叶落在我的头上，我从它的模样寻找到它的母亲，伊的名字是七星枫，伊使我抬起头来，向高处看，向远处看。我仰望树，仰望天空，我看见了没有翅膀但会飞翔的云层。

导读问题

1　选文中出现多少个叙述者？她们分别是谁？

_____

_____

2　余美丽和叶蓁蓁的名字有什么含义？

_____

_____

3 根据作者的描述，二人的形象是怎样的？

_____

_____

4 你较为欣赏余美丽還是叶蓁蓁？為甚麼？

_____

_____

5 余美丽和叶蓁蓁买碗的理由有什么不同？她们的碗有什么不同的品质？

_____

_____

6 承上题，你認為作者这样写有什么深意？

_____

_____

7 本文用了对比的手法，请列出其中两组。

_____

_____

8 这个故事的叙述形式有什么独特之处？请列出两点。

_____

_____

9 本文善用象征，请列出其中两项。

_____

_____

二、指导写作

仔细阅读短文一和短文二，然后回答问题。

短文一

全球许多国家之农产大公司、资金雄厚的生技药厂，之所以要热衷研发"食品基因改造"，不外下列因素：

1. 粮食需求与经济利益——2009年全球人口已突破68亿，到了2050年的人口总数将飙到94亿。若以人口加倍成长换算，粮食的需求量就要增加4倍。在人口急速增加后，带来粮食供应不足、全球粮食生产分配不均、提高农作物产能产量、工业生产大国贩卖操纵粮食谋利，是食品基因改造背后主要动因。

2. 提高产量与农民耕作上的需求——增强农作物耐除草剂、或抗疫病、抗病虫害，从而减少农药的使用，以减少生产成本，且可减少环境污染、克服恶劣生产种植环境，例如过热、过寒、抗旱、抗涝。

3. 调节市场追求效益、研发新品种开拓市场——使物种借由植入或修改与控制产期的基因，以使农作物生产期、成熟期延迟或提前，或延长产品储存的期限，调节供应市场需求。或利用基因重组技术产生新品种，变更改善原产品的品质、形状、味道或颜色，开拓市场销路。

4. 添加食物的营养素——例如增加蛋白质、维生素，提高产品附加价值，例如含维生素A的黄金米。

5. 有些跨国特殊药厂研发"绝种基因种子"——在农作物基因改造时加入绝种基因，令农作物只限繁殖一代，然后不停开发新的基因农作物，贩售新基因品种，有效控制品种源头，谋取高额利益。

www.taifer.com.tw

短文二

> 基因工程、基因修饰生物和基因修饰食品的研究还有许多未知，我们目前的知识也不足以预测其后果。它们违反了生命进化的原则，破坏地球物种生态平衡，也有食品安全的顾虑，我们对基因工程科技实应更为谨慎。所以英国医学会 (British Medical Association) 呼吁全面停止基因改造食品及作物，因为抗药的基因释出，扩散传送给致病性微生物将产生超级抗药性，人体一旦感染，没有抗生素可用，恐怕神医也束手无策。
>
> 绝大多数的基改作物都只考虑作物的产量和抗性，很少顾虑对人体健康的影响，人类必须了解基改作物和食品的危险性，不要只看眼前的利益，而忽略长远的风险。
>
> 基因革命所涉及的科学风险远比工业时代来的高，举凡基因组定序、基因剪接、细胞融合、复制技术、基因改造有机体释放到自然界等，皆面临了科学高度复杂性与不确定性的问题；而在社会风险上所影响的层次更远远的超过工业时代，直接冲击到全球动、植物与人类的生存与生活领域。因此基因革命到底是造福人类？抑或宰制人类？值得我们深思与观察。
>
> www.lapislazuli.org

指导写作：250-350 字

为了推广健康饮食习惯，学校举行了一个"健康饮食日"的活动，其中有一个演讲的环节，你负责的演讲题目是"对基因改造食物说不"，请预备这份讲稿。

在你写的文章中应当涵盖以下范围：

1 论述基因革命的情况

2 论述基因改造食物的利与弊

3 综合基因工程对人类带来的影响

_____

_____

_____

_____

_____

_____

_____

_____

_____

_____

_____

三、文言文

作者

陆灼，明朝人。其著作有《艾子后语》。

题解

本文选自《艾子后语》这本明代文言笑话集。作者书仿托名东坡《艾子杂说》，皆诙谐笑话文字。本篇通过"执"与"通"取水过程，道出前者因坚持说真话而取不到水；后者圆滑讲假话而得到家酿之美者。二人的遭遇正正说明世道的乖张，不肯认真反而获大利。

试阅读以下短文，然后回答问题。

陆灼《认真》

艾子游于郊外，弟子通，执二子从焉，渴甚，使执子乞浆¹于田舍。有老父映门²观书，执子捇³而请，老父指卷中"真"字问曰："识此字，馈⁴汝浆。"执子曰："'真'字也。"父怒不与，执子返以告。艾子曰："执也未达，通也当往。"通子见父，父如前示之。通子曰："此'直八'两字也。"父喜，出家酿之美者与之，艾子饮而甘之，曰："通也智哉！使复如执之认真，一勺水吾将不得吞矣。"

词语

1 浆 (jiāng)：比较浓的液体。
2 映门 (yìng mén)：迎着门。
3 捇 (jǐ)：拉住。
4 馈 (kuì)：赠送。

导读问题

1 根据文章的开始部分，讲讲故事发生的背景？

_____

_____

2 "执"和"通"这两个名字有什么含意？

_____

_____

3 承上题，以今天的角度来讲，他们二人分别代表了怎样的人生态度，试讲讲。

_____

4 **a** 最后，谁拿到了水？这说明作者的看法是什么？

_____

_____

b 你同意作者的观点吗？为什么？

_____

5 为什么老父接受通把"真"字说成是"直"和"八"？

_____

_____

_____

6 解释下列画线词语：

a 渴**甚**

_____

b 老父指**卷**中"真"字问曰

_____

7 请将下列句子翻译成现代汉语。

父喜，出家酿之美者与之，艾子饮而甘之。

_____

_____

四、写作

作文字数在 400 到 600 之间

1 描述与叙述

   a 描述：描写公共汽车上的众生相。

   b 叙述：讲一次为家人准备晚餐的经过和体会。

2 议论与论述

   a "吃素与吃荤"，你会如何选择？请说一说自己的意见。

   b 有人说"看西医，治标不治本"。请写一篇博客文章，谈谈你的看法。

鸣谢 Acknowledgements

The authors and publishers acknowledge the following sources of copyright material and are grateful for the permissions granted. While every effort has been made, it has not always been possible to identify the sources of all the material used, or to trace all copyright holders. If any omissions are brought to our notice, we will be happy to include the appropriate acknowledgements on reprinting.

1.1 Activity 7 adapted from 'Wo de wai po' author Xue Wenping (m.weibo.cn); 1.2 text 1 'Zu fu mu jie zu sun geng qin mi' from www. epochtimes.com; 2.1 Activity 7 from *San geng you meng shu dang zhen* by Qi Jun, Elite Books, 1975; 2.2 text 2 adapted from 'Wai lai gong 'liu cheng guo nian', guo de shi gui shu gan' by Zhang Zhang news.sina.com; 3.1 Activity 6 from 'Qin' in *Liang Shiqiu Sanwen* by Liang Shiqiu, Zhejiang Literature & Art Publishing House, 2000; 3.2 text 1 from 'Zai Xianggang, zenyang caineng zhengjiu yizuo lishi jianzhu' from aamacau.com; 6.1 Activity 7 from 'Fawen de jingshen', Curriculum Development Council. (1990), syllabus for Secondary Schools Chinese Language (Secondary 1-5); 7.2 text 2 from m.sohu. com; 8.1 Activity 2 translation of 'Going Home' by Pete Hamil, first published in the New York Post, October 1971and used by permission of the author.

Thanks to the following for permission to reproduce images:

Cover image: Pan Hong/Getty Images

Inside in order of appearance: Tang Ming Tung/Moment/Getty Images; STRINGER/AFP/Getty Images; Glowimages/Getty Images; MirageC/Moment/Getty Images; XiXinXing/Getty Images; sinopics/ E+/Getty Images; Eastimages/Moment Open/Getty Images; Tang Ming Tung/DigitalVision/Getty Images